Rey león

en la empresa

Trabajo en equipo

Omar Octavio Albarracín Prieto

Contents

Dedicación

La corona de mi existencia mariana Isabella y Gabriel Felipe mis nietos.

A mis padres Luis Felipe y Ana dolores gracias por su entrega, educación y pasión en mi crianza

Agradecimientos

Agradecimientos a mis padres Luis Felipe y Ana dolores

Acerca del autor

Administrador de empresas, especialista en indicadores de gestión y control interno de la organización, 34 años de experiencia comercial, 11 años distribuidor de telefónica móviles de España para Colombia, importación y exportación entre Colombia y estados unidos, fundador de la marca de ropa sexy indígena en USA, director comercial y gerente general, armador de grupos de trabajo, actualmente investigador del comportamiento humano.

Introducción

Quien es el rey león

Rey león scarface

Es la historia de un león famoso en su vida en África llamado scarface, trascendió la existencia típica de un león salvaje incrustando su legado no solo en la manada sino también en la conciencia colectiva de quienes lo conocieron, expresando su físico, su dinámica social, dominio territorial, su liderazgo, conocido mundialmente por su cicatriz en el ojo, también llamado cara cortada, personalizaba al guerrero por excelencia sorteando los retos y la imprevisibilidad de la naturaleza salvaje, su historia es de sobrevivencia contra viento y marea, paralelas a las historias de supervivencia humana, trabajo en equipo liderazgo conflictos, legado, impaciencia, defensa, perdida, impotencia, intolerancia. Los leones están hechos más para la fuerza que para la velocidad lo que les permite derribar a sus presas con su cuerpo, su apariencia era un lienzo que retrataba la majestuosidad de la creación de Dios, scar como ser animal siempre en búsqueda interminable de la supervivencia, sus ojos reflejan no solo un lindo ámbar sino ventanas que reflejaban la cruda realidad de la vida en la naturaleza, los leones poseen sentidos agudos como la vista adaptativa para cazar en la vida nocturna, su naturaleza transitoria del poder, scar no es solo un león, es la narración viviente de los recorridos diarios por el Masái Mara encarnando la esencia de lo

1

salvaje con la alianza de sus hermanos para enfrentar conflictos, ahora la presencia humana también ingiere en el desarrollo del rol animal, están entidades humanas afectan el ecosistema revelando las interacciones que caracterizan las relaciones entre el hombre y la naturaleza salvaje.

Las coaliciones entre leones no solo muestran el dominio territorial sino los matices de las estructuras sociales y las alianzas entre los más fuertes, los leones como criaturas son inherentemente sociales establecen manadas y tradiciones que naveguen por los traicioneros caminos de la naturaleza afrontando colectivamente los retos y aprovechando las oportunidades que jalonan su existencia, Scarface personifico a un líder, un guerrero y un Patriarca armonizando el poder, coalición, linaje y caza; junto con sus hermanos defendían su territorio la dinámica social estaba influenciada por diversos factores como la competencia, disponibilidad de recursos y la amenaza perpetua de la supervivencia.

Scarface nace en 2007- y muere 2021 adorado por la comunidad con una inspiración para todos los amantes de los animales se le concede un status legendario de los más famosos del mundo entre todos los miembros del Masái Mara reserva natural Kenia, en África, dominando 400 kilómetros junto con sus 3 hermanos Morani, Sikio Y hunter armaron una coalición llamada los 4 mosqueteros , dominaban y acababan con todo a su paso sangrientas batallas con hienas y demás lideres de manadas, su nombre de Scar es el símbolo de fuerza, resistencia el villano de la película el rey león, fue el rey absoluto del masái mara su vida estuvo llena de peleas y noches de casería, Lo entrego todo por su familia su legado es incomparable, igual que todos los leones fue expulsado de su manada al pasar a La vida adulta. En su independencia él y sus 3 hermanos emprendieron su recorrido para la conquista de territorios por todo el Masái Mara era noviembre del 2010 la gran aventura donde la única ley es morir o ser Rey, en 2011 emprendieron la búsqueda de un territorio para gobernar y derrotar lideres de otras manadas, a avanzar en su expansión uniendo a su grupo nuevas leonas para aumentar su decendencia.

Su enorme melena y apariencia embellece el Masái Mara fue el león más amable y tolerante con sus cachorros jugaba mucho con ellos era muy permisivo muchas veces cuidaba de ellos cuando las hembras se iban de caza inclusive dejaba que sus cachorros jugaran con su gran melena oscura y esponjosa permitía que ellos se alimentaran primero que él, la familia era lo más importante para scarface, conquistaron junto con sus hermanos alrededor de 7 manadas, pagaron un precio al pasar por innumerables peleas que dejaron heridas en sus cuerpos que luego fueron cobradas muriendo uno por uno el primero de ellos hunter que desapareció en el 2019, más tarde le seguiría su hermano sikio. Scarface tuvo que vivir con la pata trasera herida que no le permitía cazar como en sus mejores tiempos, Morani finalmente lo abandono y scarface se convirtió en leyenda del Masai, con 13 años de vida demasiada *edad para un león, seguía en pie cuidando de sus manadas y de sus cachorros el rey era único tenía un poder inmenso y una gran personalidad gracias a eso se mantuvo en la cima de gobernar durante mucho tiempo, se había convertido en el león más querido y famoso del mundo, pero la edad pasa factura como a todos los seres vivos la edad promedios del león es de 10 a 13 años, ya superada esa edad no es cualquier León significa que vino al mundo para hacer historia, Scarface llego a cumplir 14 años, otros machos jóvenes notaron sus debilidades por la vejes del rey, ingresaron a su territorio pero era tan grande el respeto que trasmitía este magnífico animal que no se atrevieron a tocarlo. el entiende que hay nuevos lideres que se cumplen ciclos en la vida de Rey, el mismo por su cuenta abandona el territorio no estaba ni se sentía en las mejores condiciones para enfrentar y pelear finalmente abandono su territorio, entendió que debía dejar a nuevos lideres tal responsabilidad, finalmente el 11 de junio del 2021 scarface se apartó de todo no había nada a su alrededor todo estaba escrito el REY iba a morir ese día y así fue una de las leyendas vivientes de África nos enseña, como vivir y afrontar lo difícil que es la vida salvaje, lo difícil que es llegar a la cima que no se puede lograr sin un equipo donde los que lo acompañan son la prioridad su cuadrilla es su familia es su todo, a los cuales hay que cuidar y proteger. Fallece de muerte natural su legado se expandirá por toda áfrica y el universo. Se considera el León más fotografiado del mundo, lo encuentras en Facebook como SCARFACE.*

4

El REY LEON DE LA SELVA es nuestro personaje en este conversatorio, lo he tomado como un símbolo de fuente de inspiración del reino animal que sirva al hombre para guiar algunas actuaciones en su entorno familiar, empresarial, comunidad, iglesia donde tu decidas convenir su aplicación. El liderazgo que representa el LEON sirve como guía tanto quien toma decisiones igual cada uno de los integrantes del equipo, el líder lo llamare REY LEON EN LA EMPRESA en este sentido figurado me dirijo a hombres y mujeres que ejercen tal función y responsabilidad en cualquier ámbito, los que lo siguen serán sus misionarios, el trabajo en equipo es la columna vertebral de este estudio sin dejar a un lado todos los componentes que se necesitan para su funcionalidad.

Pretendo concordar con usted(s) algunos conceptos de una manera fácil, ligera sencilla, entendible, adaptable utilizando un lenguaje básico no magistral, no sabelotodo y menos dictatorial que nos sirva a todos para crecer, básicamente utilizare algunas comparaciones de la personalidad de león que sean incluyentes la vida humana desde el punto de vista de la razonabilidad y la coherencia en actuar.

El rey león da muchas enseñanzas al ser humano, desde el punto de vista bíblico es símbolo de realeza toma de posesión de tierras y otros reinos por la fuerza, desde el punto de vista como ser animal tiene la capacidad de memorizar, elaborar sus propias herramientas, practica la cooperación, trabaja en equipo, protege la familia y territorio, es un ser vivo majestuoso hermoso a la vista una verdadera creación Dios ama a su manada, es expresivo, afectivo, también vulnerable a lesiones y enfermedades como cualquier otro ser vivo, a pesar de ser sagaz también puede ser burlado por presas que utilizan tácticas inteligentes para evadirlos, los leones jóvenes pueden ser presa fácil de las hienas y otros carnívoros, el león es el animal más amenazados por los humanos que los cazan e invaden su hábitat. El liderazgo que representa el rey león de la selva, frente a la demás comunidad animal sirve al hombre como modelo para encapsular muchos, valores, actuaciones así aportar a mejorar su vida personal y laboral, el león es un referente como líder para el hombre.

Debemos conocer y explorar un poco más del REY LEON DE LA SELVA para poder asociar algunas características y formas de vivir a diario como integrante líder de manada que sirvan al hombre para mejorar su entorno productivo. Es de la familia de los felinos especie más conocidas son el león, el tigre, leopardo y el jaguar.El rey León de la selva tiene un gran sentido de trabajo asociativo tanto para la defensa de la familia como para la caza, cada miembro desempeña un trabajo específico, un nivel de responsabilidad para la supervivencia de la manada, es capaz tanto de trabajar de forma cooperativa dentro de su comunidad como de actuar con mayor autonomía en momentos decisivos para salvaguardar la integridad de todo su equipo, marcan su territorio mediante depósitos aromáticos por lo que necesitan un buen sentido del olfato para proteger su área vital para la supervivencia, cazan de noche o al atardecer pueden atacar en manada en varias direcciones rodeando a sus presas para que tengan menos posibilidad de escapar.

La comunicación entre ellos es a través de una variedad de comportamientos, movimientos expresivos que están muy desarrollados, realizan acciones táctiles pacíficas como Lamerse unos a otros, frotarse la cabeza esto es un comportamiento de saludo entre ellos, el grujir también es otro sistema de comunicación, los leones se agrupan en manadas formando una estructura social jerárquica habiendo siempre un macho dominante su cuerpo social se basa en roles individuales, son los únicos animales felinos que viven en manada razón por las cual los escogido como arquetipo en este estudio.

Las unidades familiares pueden incluir hasta tres machos, una docena de hembras más sus crías, todas las leonas de una manada están emparentadas usualmente las pequeñas hembras se quedan con el grupo a medida que crecen y envejecen. Los leones son animales sociales que viven en unidades cerradas donde las hembras cuidan e incluso amamantan a los cachorros de las otras, los machos también son expresivos efusivos abrazando alegremente a sus crías.

El rey león de la selva puede alcanzar una velocidad máxima de 80 km/h tiene una fuerza potente de 340 kg según el investigador y experto en leones Craig Parker dice que la causa principal de muerte entre leones en un entorno no perturbado son otros leones, una de las características dentro de las diferentes clases de leones que destaca Parker en el león africano es que es ingenioso, cascarrabias, paciente, orgulloso, pragmático aparentemente indestructible hermoso de contemplar y siempre en continúo peligro.

Los leones atacan en grupo, para presas grandes utilizan un plan básico para un proceso de caza, en este proceso un león detecta la presa mientras que otros leones miran en la misma dirección, uno se esconde y no se luce hasta que llega a la propia presa la rodean la atrapan rasgándole la parte trasera y la matan mordiendo en el cuello esto es un ejemplo del increíble trabajo en equipo de los leones de la selva.

Los leones son de los pocos felinos que viven en manadas, las hembras leonas se encargan de la caza para alimentar al grupo familiar normalmente está conformado por seis hembras sus crías y los dos o tres machos residentes que lideran la manada.

Es bueno saber que parte de la Historia del rey León como el más emblemático de la selva vive en África y Asia dentro de su equipo manada hay una estructura de mando, deberes, responsabilidades, normas de convivencia, sistema de comunicación interno (química de contacto o rugidos acústicos entre ellos saben que necesitan), respeto entre su familia para la procreación en su misma sangre no es permitido que un macho joven Pretenda a una chica de la misma manada porque es expulsado por el macho mayor de la manada

Es una especie en vía de extinción, es muy baja la capacidad productiva para LEON preñar a la hembra, debe intentar por cuatro días en promedio de dos veces por hora para alcanzar la fecundación que dura alrededor de 3 meses y 15 días, donde nacen de dos a seis nuevos leoncillos al nacer son ciegos y sordos e incapaces de caminar por si solos pesan entre 1 y 2 kg, abren sus ojos 15 días después de nacidos, son cuidados en un lugar seguro hasta ocho semanas, los alimenta su madre o una nodriza madre sustituta hasta la edad de 7 a 10 meses, son protegidos por toda la manada hasta cumplir la edad de dos (2) años donde ya están preparados para vivir su independencia.

El león es de los animales más holgazanes de la naturaleza puesto que descansa hasta 20 horas diarias, pero en contraprestación a esta forma de vida en cualquier momento se activa lo puede mover la motivación de hambre, sed, caza, reproducción, defensa de su territorio, es un mamífero que se ubica en el grupo de los carnívoros su alta actividad al anochecer es la mejor hora para cazar, las hembras leonas se encargan de traer la comida a casa, no permiten que entren nuevos integrantes al grupo son celosas cuidan y protegen su familia.

Su reproducción también está compuesta por el harem en zoología es el hábito de algunas especies por el cual el macho tiene más de una pareja sexual también las hembras son poliestricas entran en celo en cualquier época del año, el macho puede cupular en cada montada hasta 3000 veces por cada cachorro para llegar a la fecundación. Dentro de las manadas los machos suelen combatir y competir por el dominio del grupo para así lograr aparearse con todas las hembras además están siempre alerta de los peligros externos como al aparecer otros leones qué busquen dominar su grupo, de hecho, los residentes que toman el nuevo control de una manada lo consiguen tras haber derrotado a los líderes anteriores y llevarlos a la muerte

Existen leones nómadas individuos que fueron expulsados de su manada al llegar a la adultez pueden vivir en parejas habitualmente de machos, algunos forman coaliciones con integrantes de su misma sangre como hermanos o primos para expandir dominio de territorio y conquistar otras manadas

El reino animal respeta al León por su mentalidad, caza por la noche, camina sin miedo, dueños de su propio destino, siempre quiere ganar, hace respetar su entorno, no es el más grande, no es el más inteligente, no es el más rápido pero tiene coraje gallardía, saca el máximo partido a todo lo que hace, lo que emprende lo termina nunca está dispuesto a rendirse lucha hasta la muerte, entrega su vida por el propósito, está preparado siempre, entrega todo lo que tiene, comparte y se apoya en los demás .

Si quieres lograr tus sueños necesitas interiorizar, cree, toma la fuerza está dentro de ti, toma el poder, da todo, no te detengas, no tengas miedo a los retos diarios de tu vida, trabaja por tu equipo, sigue intentando sigue Probando estrategias y métodos, lo vas a lograr.

Los leones sólo cazan en dos horas al día en un alto grado de concentración, más vale que nadie se atraviese en su camino, sigue luchando, sigue adelante la única garantía es el fracaso sigue empujando, no renuncies se valiente dispuesto a enfrentarse a las adversidades, no dude de su capacidad puede costarle la vida, Los leones nunca se rinden porque son los reyes de la selva no pueden mostrar ningún signo de debilidad, no ponen excusas, ejecutan, actúan están dispuestos a fallecer con dignidad con la mentalidad de León.

Cree en ti mismo, las presas no se quedan quietas a esperar ser devoradas las presas corren saltan se defienden, no esperes tanto, toma la iniciativa, haz lo que sea necesario para sobrevivir, no dejes de luchar nunca, empodérate se mejor cada día, cumple tus objetivos a corto y largo plazo, no te distraigas de tu propósito.

Para el rey león de la selva El ambiente y el rol juega un papel importante en la activación del instinto, en el cual el animal responde ante estímulos que se le presente en ese momento por la necesidad inmediata este conjunto de actos está codificado en su ADN de modo que todas las generaciones de una misma especie tendrán comportamientos iguales, la función puntual del instinto Animal es tener una respuesta adaptativa ya determinada, EL REY LEON DE LA SELVA no debe enfrentarse a varios años de aprendizaje para poder mantener sus necesidades básicas a diferencia del ser humano.

En este estudio revisaremos los comportamientos de un león, en esta aventura mental para sumergirnos en su personalidad del animal más emblemáticos de la naturaleza EL REY LEON DE LA SELVA ha sido durante siglos un símbolo de fuerza valentía y liderazgo en el reino animal, nosotros como seres humanos con alta capacidad de discernimiento e inteligencia natural podamos ver como encapsulamos y sirvan de objetivo general del presente estudio : formarse en liderazgo, influenciar en las actitudes de la vida cotidiana de las personas; a la vez sirva de incidencia para ser efectivos, eficaces, productivos, con propósitos de aportar para el crecimiento de todo el grupo, entrelazando formas como concentración (trabajo profundo) y enfoque, determinación, revisando como trabajan en equipo, también evaluar su desempeño con variables de planeación estratégica, y como la tecnología incide a través de la inteligencia artificial en las nuevas formas de vida actual.

Capítulo 1: El Rey León Se Forma Líder

Mufasa en la película del rey león de Disney, no ve su papel de liderazgo como una oportunidad para ejercer el poder sino como una profunda responsabilidad de nutrir, motivar y inspirar a los demás

Definición de líder

El liderazgo se puede definir como la influencia que ejerce una persona sobre los demás miembros del equipo, este nivel de influencia será lo suficientemente significativo para que las personas alcancen los objetivos y metas enmarcados dentro de una visión donde quiera llegar los propósitos.

Mentalidad De León

Para nuestra adaptación podríamos encapsular muchas cualidades del REY LEON DE LA SELVA que nos aporta al liderazgo de nuestras vidas, diario compartir, familias, comunidades, empresas holding, pequeñas empresas, fami empresas, asociaciones, juntas comunales de barrio, edificios, universidades, movimientos estudiantiles, movimientos políticos, corporaciones, sistemas de gobierno todo en lo que sea incluyente el trabajo en equipo.

Según Daniel Goleman en un contexto empresarial la inteligencia emocional puede ser más beneficiosa para los objetivos de gestión que el talento, la habilidad o el intelecto.

Un alto coeficiente intelectual solo es capaz de predecir el 20% de los factores determinantes del éxito, mientras que el 80% restante depende de otro tipo de variables en gran medida la inteligencia emocional

Clasificación de los tipos de liderazgo según Daniel Goleman

Visionario: es aquel que tiene una clara visión a largo plazo y guía los empleados en la misma dirección, este tipo de lideres tienden a poner los ojos en el horizonte del futuro, inspiran a otros a soñar en grande y trabajar para la visión de la organización, tienen una capacidad única de ver el panorama general alientan a su equipo para trabajar en colaboración para una misión común, pueden generar en la personas del equipo en encontrar un propósito y significado en su trabajo, pero a la vez los lideres visionarios son muy exigentes lo que causa desencanto en sus seguidores.

Coaching: el objetivo es el desarrollo de los empleados, el líder actúa como mentor, ayuda a los empleados a convertir sus debilidades en fortalezas mediante el apoyo y comprensión de los supervisores, dan tareas difíciles a sus empleados y están dispuestos aceptar el fracaso ya que el principal objetivo es el desarrollo personal, funciona mejor cuando los empleados son conscientes de sus puntos débiles y quieren mejorar el rendimiento

Afiliativo: estos lideres se concentran en cómo construir relaciones con los empleados creando una buena armonía y clima laboral, es importante este modelo donde es muy valiosa la contribución individual y son necesarias para el objetivo comercial, en determinadas actuaciones es importante el vínculo emocional con sus empleados ya que ayudan a construir comunidad, en ciertos entornos donde hay mucho conflicto esta técnica funciona positivamente ya que ayuda a solucionar los problemas personales y a establecer la confianza en la empresa. Lo adverso es que el gerente puede omitir decisiones necesarias cuando siente que ellas pueden molestar a los miembros del equipo y se puede concebir que la armonía está por encima de la productividad lo que puede reducir los estándares de desempeño y el avance de todo el equipo.

Democrático: se basa en la idea de que los empleados de una organización pueden participar en la toma de decisiones, con una distribución equitativa de poder entre los miembros del equipo. Las opiniones individuales deber ser tenidas en cuenta a la hora de tomar cualquier decisión esto implica innumerables reuniones, suele utilizarse cuando los equipos son multidisciplinarios y se requiere combinar ciertas disciplinas para sacar adelante el proyecto, pero resulta ineficiente si los integrantes no tienen la información sobre los puntos en busca de acuerdos, estos desacuerdos pueden provocar un estancamiento lo que da como resultado detener el progreso de la organización, por lo tanto para las empresas de rápida evolución no es aplicable.

Timonel: El papel del timonel es marcar una dirección y asegurarse que se mantenga, debes hacer lo que yo hago y por favor no te quedes atrás. Generalmente lo utilizan las personas a las que le gusta sentirse protagonistas se utiliza mucho cuando el líder es experto en la materia y los que lo siguen no tiene mucha experiencia, este tipo de rey león ejerce presión constante a sus empleados para que sean mejores, examinan cada error de ellos, despiden a los empleados con desempeño bajo, es aconsejable no utilizarlo durante largo periodos de tiempo es mejor utilizarlo con moderación y preferiblemente cambiar a otro estilo de liderazgo cuando sea apropiado

Coercitivo: es denominado enfoque militar se centra en dar instrucciones precisas para cumplir al pie de la letra, sin que los empleados puedan cuestionar dichas ordenes ni que den opinión al respecto, se recomienda utilizar en condiciones puntuales de resultados rápidos, los lideres dominantes son libres de tomar decisiones, aprovechan las oportunidades fortuitas y llevan a cabo cualquier medida necesaria para conseguir resultados a corto plazo. Este estilo tiene menos probabilidades de generar una moral alta en los empleados lo mismos que rotación incontrolable.

El líder nace o se hace

los líderes unos nacen otro se hacen, podemos ver en el ámbito deportivo del fútbol de la actualidad el argentino Leonel Messi deportista de alto rendimiento nace con unos dotes especiales, múltiples capacidades cognitivas combinadas con planificación, coordinación, secuenciación, y anticipación de movimientos, habilidades como la capacidad de lectura de sus oponentes, grandes destrezas para el juego un líder innato en la cancha, dedicado en su trabajo profundo su objetivo marcar gol y poner a ganar a su equipo.

Otro jugador en el fútbol que nace y se hace, es el jugador africano Sadio Mané filántropo y gran líder natural al reducir la desigualdad y la falta de comunicación entre las zonas rurales de Senegal, es un gran jugador dentro y fuera de la cancha denominado "el jugador más humilde del mundo."

la victoria no es para el equipo con los mejores jugadores, las victorias son para los jugadores con el mejor equipo.

Otro ejemplo es Juan Pablo II fue un líder natural para la humanidad nació con el don del carisma para alcanzar una conexión de mil millones de personas en el mundo.

Nelson Mandela al reestablecer los derechos de igualdad y emancipación de su país incansable defensor de los derechos humanos defendiendo los derechos de la mujer y diversidad social premio nobel de paz, naciones unidas establece el día de su nacimiento 18 de julio día de las libertades, líder icónico dejando un gran legado tanto a lideres políticos y empresariales "lidere desde atrás" " escucha la discusión y el debate antes de entrar en la conversación "

Beethoven a través de la música capaz de desnudar el alma para mostrar lo que hay dentro de ti líder para la humanidad que nace con los dotes de componer las mejores sinfonías de todos los tiempos.

Desde otra perspectiva en las monarquías seden los tronos, estos lideres nacen con herencias de liderazgo sucede también en empresas con sus descendientes siguen el legado corporativo algunas veces con éxito y algotros no. Lo cierto es que el líder nace o se hace con capacitación, entrenamiento, Academia, empirismo, investigación se pueden pasar la vida en este proceso y lo logran, se debe entender que es un proceso de aprendizaje constante a pesar de tener talentos innatos se debe tener en común fuerza, pasión, formación y gran espíritu inspirador como el rey león de la selva.

las perspectivas de que los líderes nacen no se hacen se han convertido en una apreciación confusa en el tiempo como un mito que no permite el crecimiento individual y el trabajo en equipo, ya que como consecuencia detiene el desarrollo de los demás y por ende el del equipo. Según estudios psicológicos el líder nace con un 30% de habilidades, el 70% restante se debe desarrollar en las personas.

Peter F. Drucker afirmo "los líderes nacen, pero nacen tan pocos que a los demás hay que formarlos."

Así que no te preocupes eres un ser humano estándar nacemos con los mismos atributos naturales de la creación humana tú también eres un líder en potencia atrévete a brillar.

No busques liderar sino marcar una diferencia

Rey león Primero debes pensar en las personas, trabaja en ayudarlos a encontrar y perseguir aquello que les apasiona, ayúdalos a empoderar que sean dueños de su trabajo, reflexiona con el siguiente temario ¿qué tipo de acción como líder produjo el mayor impacto en tu equipo? ¿Qué tipo de acciones necesarias debes realizar con mayor frecuencia para ayudar a tu equipo? ¿Piensa también que tipo de acciones necesarias eliminar porque tuvieron impacto negativo en tu equipo? ¿Qué reto como líder que desarrolla personas necesitarías plantearte? ¿Que necesitas aprender? ¿Qué tipo de resistencias tienes para mejorar en tu forma de liderar? ¿Cuáles serían los primeros pasos para resolver esas resistencias? ¿Cuál es tu plan para liderar mejor este año?

Cómo se construye a los líderes en organizaciones

Basándonos en la apreciación que el 70% es formación en el liderazgo se debe tener una cultura organizacional adecuada, trabajar en motivación y desarrollo del equipo, comunícate de manera eficaz, demuestra la inteligencia emocional, habilidades para la resolución de problemas, respeta a los Demas, prioriza el desarrollo personal, promueve el pensamiento estratégico, promueve el pensamiento crítico, delega con confianza, reconoce los errores con humildad sabiendo que son parte del camino, da oportunidad de desarrollo profesional, incentiva la creatividad, la auto expresión, muchas veces las personas introvertidas o que casi no opinan en los equipos tienen grandes ideas, aprende escuchar y desarrolla canales de comunicación, incentiva la participación activa de todos, prepararlos a resistir los cambios.

Entrena los talentos que puede llevar adelante el futuro de la organización invierte en soluciones digitales de software con sistemas de información que permitan el desarrollo en la carrera tecnológica y el desempeño de los equipos cambiantes de forma galopante en la actualidad.

Según Tom Peters "Los líderes no crean más seguidores, crea más líderes"

Todos los integrantes ahora entienden que es un proyecto multidimensional, multidisciplinario basado en competencias individuales donde todos son guía de una forma u otra, se debe comprender que es necesario utilizar el talento de cada miembro para el beneficio del equipo.

Si tu equipo no está alcanzando lo propuesto revisa opciones entre ellas puede, cambiar e insertar miembros claves con otras competencias que sean gregarios aportando a lo que falta para evitar el estancamiento.

John C. Maxwell en la ley de la cadena, se refiere al estancamiento ¿No todos quieren decir que sí? Hay personas que simplemente no quieren hacerlo ¿No todos deben decir que sí? La gente tiene sus propias metas y agendas no les entereza su propósito ¿No todos pueden decir que sí? Quizás no son capaces de mantener el ritmo de los demás integrantes del equipo, simplemente las expectativas no los llenan.

Qué tipo de Rey león te consideras de Palo o de la zanahoria?

La teoría del palo o de la zanahoria afirma que, si deseas conseguir que un burro se mueva, necesitas cargar una zanahoria por delante de hocico y un palo golpeando su lomo por detrás. Esta teoría de motivación fue adoptada en las empresas y se refiere a la recompensa y castigo que debe aplicar para alcanzar los objetivos, un enfoque de zanahoria incentiva el buen trabajo con recompensas, mientras que un enfoque de palo utiliza el castigo para impulsar a las personas hacia las metas.

Andrzej Blikle en su libro doctrina de la calidad habla del palo y la zanahoria, argumenta:

El castigo no funciona: cuando amenazamos las personas atentamos contra su dignidad, es difícil esperar La cooperación de alguien a quien acabamos de amenazar o atemorizar, y si cooperan lo harán con miedo Cuando el palo desaparezca también desaparece toda la motivación para actuar, dentro del corazón habrá un deseo de venganza y de injusticia.

Los premios tampoco funcionan: cuando premiamos a alguien para actuar la motivación es externa, y si es externa la situación retoma un plano desagradable porque tienen características no acordes como lo es la extinción para lograr los mismos resultados debe aumentar el premio, así que tienen que recompensarlos cada vez más para obtener su motivación, otra característica negativa es transaccionalidad en la medida que una persona empieza a valorar el premio como un pago, entonces si hago lo que quiero merezco que me peguen y si me resulta inconveniente no lo hago y no recibo ese pago esta relación genera una fricción entre el resultado esperado y una persona que no desea la recompensa.

Quitar la zanahoria: cuando te quitan la zanahoria que te habían prometido genera la transformación de la zanahoria en un palo, Blikle combina la zanahoria con el palo, cualquier recompensa puede usarse como un castigo o como un palo y viceversa cualquier palo puede usarse como una recompensa o convertirse en una zanahoria, mirando más profundamente no hay diferencia entre un castigo y una recompensa, los dos generan lo mismo son igualmente desmotivadores e ineficaces para cambiar las actitudes en un trabajo en equipo.

Tu zanahoria puede usarse contra los propósitos para los que la creaste, incluso directamente en contra de ti: el castigo golpea la dignidad el hecho de que las recompensas de alguna manera puedan formarse castigos, después de un tiempo la recompensa pueda llegar a percibirse como una amenaza a la dignidad y conduce a la justificación del comportamiento de las personas de una forma inaceptable, pero hay una luz puedes apelar a la motivación de la dignidad en lugar de la violencia de sanciones y recompensas.

Los métodos tradicionales como el enfoque de zanahoria versus palo, ya no son tan efectivos, incluso pueden ser contraproducentes, se podría trabajar en como los empleados o integrantes del equipo comprenden la importancia, impacto y relevancia de su trabajo en forma fundamental para motivarlos, cuando todos entendemos que el trabajo importa y da un resultado sobre lo demás no sólo en el ámbito del equipo si no fuera de él, la consecuencia es la satisfacción en las personas, entonces la motivación crece exponencialmente.

Herramientas De Apoyo Al Rey León Para Toma De Decisiones

Podríamos mirar que herramientas puede utilizar el líder, que le ayude a ser más certero en sus decisiones y minimice el error nos apoyaremos en esta ocasión en los stakeholder y las competencias centrales.

Stakeholder

¨Grupos de interés o partes interesadas del interior y exterior de la empresa¨ es importante para el rey león (líder) que conozca todos los grupos que ejercen intereses dentro y fuera de la organización para la mejor toma de decisiones, esta teoría fue desarrollada en 1984 por Edward Freeman, de acuerdo con él, la teoría de los stakeholders considera que las organizaciones están compuestas por un conjunto de actores a los que denomina grupos de interés.

Para conceptualizar stakeholders es cualquier persona, entidad, corporación, empresa que tenga cierta influencia o interés sobre la situación de una empresa, este interés proviene del entorno interno como el externo, Para verlo como herramienta gerencial sería bueno primero referenciar, racionalizar un marco general de lo que es el sistema de empresa, el conocimiento funcional tanto a nivel interno y externo para elaborar un listado de stakeholder, de la misma manera mediante una matriz tener información a la mano por orden de prioridades para desarrollar una ventaja competitiva en la toma de decisiones, esto aporta al REY LEON líder en equivocarse lo menos posible en sus decisiones que deben ser altamente asertivas, recordemos que tal responsabilidad influye positiva o negativamente en el trabajo en equipo esta herramienta de toma de decisiones debe ser adaptativa de acuerdo al tamaño del proyecto, organización, escenario y su estructura orgánica.

Han surgido ampliaciones en el tiempo, por las mismas fluctuaciones tecnológicas, las nuevas posturas competitivas y las situaciones cambiantes en los mercados como la misma globalización, donde ingresan nuevos grupos de interés, los existentes bajan en importancia, y otros la aumentan, estos stakeholder internos son el trabajo en equipo, la inserción de los nuevos factores tecnológicos como aporte al trabajo en equipo, stakeholder externos nuevos de la empresa podrían ser las comunidades, la contaminación ambiental, cambio climático, la tecnología, la robótica, humanoides, escasez del agua, crecimiento demográfico entre otros.

Stakeholder que provienen del interior de la empresa se pueden clasificar en 4 grupos:

1. **Stakeholder Directivos:** experimentan efectos directos basados en el desempeño de la empresa, están interesados porque quieren conseguir los objetivos que se han propuesto, aportan conocimiento, gestión dedicación y compromiso influyen en la empresa con el control que ejercen sobre ella ya que son los encargados de gestionar y dirigir.

2. **Stakeholders socios o accionistas:** (son los dueños de la empresa) se preocupan por los dividendos que reparte la empresa y precios de las acciones, ya que las podrán vender a mayor precio generando también beneficios, aportan el capital y el riesgo de inversión ya que nada garantiza el éxito, Influyen en la junta general de accionistas que se hace una

vez al año allí se nombran nuevos administradores o se ratifican los vigentes, se aprueban nuevos proyectos de inversión, presupuestos de ingresos gastos de las vigencias que siguen, análisis financieros, reformas estatutarias.

3. **Stakeholders trabajadores:** son los principales embajadores de una empresa, de una marca y uno de los actores sociales que mayor confianza genera, se preocupan por el funcionamiento de la empresa, ya que le interesa mantener su trabajo y aumentar su salario en el futuro. Aportan a la compañía su fuerza laboral con compromiso que impacta en la reputación de la empresa. Se les debe garantizar condiciones laborales justas para evitar justamente en que influyan por ejemplo en mermar la productividad, o una huelga que paralice la empresa.

4. **Stakeholders trabajo en equipo:** el trabajo en equipo es una de las ventajas competitiva más representativa en la actualidad que tiene una empresa su interés particular en que las personas desarrollen sus habilidades sociales, facilita el cumplimiento de los objetivos en común, incrementa la motivación, estimula la creatividad da seguridad laboral, bienestar, productividad, sinergia. Su influencia más importante es aportar al crecimiento total de la organización o proyecto, todo el equipo debe recibir el crédito no solo algunos integrantes, el rey león líder tiene tal responsabilidad de mantenerlos motivados de lo contrario

baja el rendimiento de las personas puede haber descontento, dispersión y demora en los resultados esperados.

Stakeholders que provienen del exterior de la empresa:

Son aquellos que no trabajan directamente con la empresa pero que de alguna forma se ven afectados por la acciones y resultados de la compañía, estos grupos de interés ejercen una influencia de la parte exterior de la empresa, que muchas veces no pueden ser controlables, pero se deben conocer ya que interactúan con la organización.

1. **Stakeholders clientes:** su preocupación es la calidad, precio y responsabilidad social que lleve a cabo la empresa, se considera parte vital de la compañía ya que sin ellos no habría beneficios y menos negocio posible, es importante escucharlos para la investigación, desarrollo de productos y servicios acuerdo a sus necesidades, influyen en la empresa en primer orden ya que si dejan de comprar sencillamente se desaparece.

2. **Stakeholders proveedores:** les interesa que la empresa siga funcionando para vender sus bienes y servicios, aportan los inputs o materias primas, para venderla futuramente, la influencia es que pueden parar en suministrar estos materiales desde ese punto de vista la recomendación es tener varios proveedores.

3. **Stakeholders comunidad local:** estas comunidades se preocupan por las políticas, polución, contaminación del

agua, medio ambiente, el aire que puedan afectar a esa comunidad, apoyan a la empresa un soporte cultural, infraestructuras sociales y comunicación. pueden influir en la empresa de forma negativa con campañas publicitarias esto puede generar una baja de ingresos, y baja de confianza en los empleados, pérdida de confianza en los clientes que compran los productos.

4. **Stakeholder políticas de gobierno:** al gobierno le entereza que la empresa prospere crezca y se mantenga en el tiempo para que genere empleos y pague impuestos, ese dinero captado por el estado lo redistribuye en burocracia, también en educación, salud, aportan a la empresa en infraestructura, puentes, malla vial, marcó legal, políticas tributarias. Influyen en el proyecto o empresa aumentando las tasas arancelarias, cambios del marco jurídico y legal.

5. **Stakeholder tecnología:** la actual tecnología con crecimiento a pasos agigantados incide en cambios estructurales en los nuevos y existentes modelos de negocio donde el ser humano puede ser reemplazado de su puesto de trabajo, el aporte de la tecnología es el uso del conocimiento científico con fines y aplicaciones prácticas, se espera que sea coadyuvante para dar celeridad y maximización de producción a menos costos, la influencia se puede volver negativa en la medida que se desvalore al ser humano como parte fundamental del engranaje productivo.

Matriz stakeholder:

Para desarrollar la matriz es importante identificar dos grupos principales de stakeholder, de acuerdo con su funcionalidad e importancia que los llamaremos primarios y secundarios. En los primarios elaboramos un cuadrante donde se organizan por nivel de influencia estos resultan imprescindibles para la operatividad del proyecto o empresa debido a que tienen un vínculo directo ingresan son los siguientes:

Stakeholders Primarios	
Accionistas	Directivos
Trabajo en equipo	Cliente

Los stakeholders secundarios no tienen vínculo directo con el proyecto o empresa, pero se ven afectados por su actividad esta categoría es demasiado amplia, pero podemos destacar los siguientes:

Stakeholders Secundarios	
Inteligencia artificial	Cambio climático
Sistema de proveedores	Estado

Este listado es muy general puede coincidir con la necesidad de la empresa o no, por eso es importante analizarlos uno por uno, para eso debes elaborar un cuadro con 4 cuadrantes de acuerdo al nivel de interés e influencia sobre la empresa, este cuadro de denomina matriz de stakeholder.

Matriz De Stakeholder	
Gran Influencia y poco interés	Gran influencia y gran interés (Centrar esfuerzos y toda la atención)
Poca Influencia y poco interés (Atención mínima)	Poca influencia y gran interés

Competencias centrales

Las competencias central v/s capacidades comerciales es otro coadyuvante en la toma de decisiones del rey león(líder) ya que le permite conocer las fortalezas que define un proyecto o organización Explica la tesis expuesta en 1990 por C.k Prahalad y Gary Hame en su artículo publicado "la competencia central de la corporación "hacen referencia a las diversas habilidades y destrezas que son absolutamente necesarias para desempeña un rol especifico

Expusieron el siguiente piensen en una empresa diversificada común árbol, el tronco es el producto principal, las ramificaciones más pequeñas son las unidades de negocio, las hojas son los productos finales, las competencias centrales son las raíces que nutren y estabiliza todo el árbol.

Vamos a revisar un ejemplo que puedan ayudar a construir un concepto que aporte a su equipo:

Ejemplo: pensemos en un equipo de ventas de servicios o productos intangibles ¿cuál será su competencia central? está conformada por un departamento de ventas que sería el tronco principal, los asesores Comerciales sería cada uno en particular como una unidad de negocio, el producto que se comercializa sería el servicio final que recibe el cliente, la competencia central v/s capacidad comercial sería el servicio al cliente.

Cuando hablamos de empresas de productos y servicios se entiende que en el mercado hay artículos similares la gran diferencia es como podemos distinguirnos ante la percepción del cliente si manejamos básicamente el mismo bloc comercial. El rey león debe obtener conocimiento sobre las habilidades comerciales para saber en qué centrarse, que recursos podemos utilizar mejor para diferenciar nuestra oferta del de nuestros competidores, en nuestro ejemplo se referencia en la competencia servicio al cliente es allí donde me debo centrar, esta caracterización se da cuando todo mi equipo conecta con esta actitud, el face to face que maneja el asesor comercial debe tener una postura de contribución significativa de apoyo y confianza al consumidor final al focalizarse en la resolución de problemas, quejas, soporte técnico, tener en cuenta todo el conjunto de prácticas e interacciones a lo largo del ciclo de ventas como es preventa, venta y posventa, asegurar que se cumplan a cabalidad las necesidades y expectativas del consumidor con la esencia de deleitar a su cliente ya que un cliente satisfecho sin duda difundirá su nombre entre sus amigos y aumentara las ventas.

Según los autores definen la competencia central como la comunicación, la participación, y un profundo compromiso para trabajar a través de las fronteras organizacionales con crecimiento a largo plazo, una organización debe identificar sus competencias principales y luego invertir en ellas, enfocando recursos para construcción y el mantenimiento de esas habilidades. Prahalad y Hamel escribieron que una competencia central puede identificarse por tres características:

1. Por que proporciona acceso potencial a una amplia variedad de mercados.

2. Hacen una contribución significativa a los beneficios percibidos del cliente del producto final.

3. Debe ser difícil de imitar por los competidores.

Explican que una organización debe externalizar o desinvertir en áreas que están fuera de las competencias centrales liberándose más recursos para reinvertir en las capacidades básicas, Para ayudar a mantener las competencias centrales ya identificadas una empresa debe usar subdivisiones estratégicas para enfoque de prioridades. Rey león podrías revisar tu entorno de algunas competencias como servicio al cliente, capacidad de respuesta en las entregas, precios de los productos, cultura, alianzas estratégicas, presentación del producto, sistemas tecnológicos. Ya revisadas van a proporcionar la base desde la cual crecerá la empresa, equipo o proyecto aprovechando nuevas oportunidades para ofrecer valor al cliente cuando logres esa diferenciación no serán fácilmente replicables por sus competidores nuevos o existentes.

Hoy en día por la misma diversificación, los nuevos componentes, modelos y formas de trabajo se aplica el término competencia central a las fortalezas que poseen las personas en forma individual particularmente por que soportan esa relación con sus posiciones en el trabajo o profesiones; los líderes de equipo deben identificar las competencias de un trabajador como habilidades específicas que sirva para aumentar el trabajo en equipo.

Metaliderazgo

según Roberto Mourey entrenador de Líderes de Alto desempeño fundador de instituto Mettaliderazgo propone una forma de liderar que es alejarse de ese ordenar y controlar de ese estilo de vida que busca amenazar y cuestionar a las personas, donde la gente no tiene otra opción sino seguir al líder.

Propone el mettaliderazgo como una forma de ir más allá, es dejar de dirigir y empezar a influir, es dejar de dar órdenes en busca de un estilo donde lo que se busca es inspirar, persuadir, convencer y conmover para poner en movimiento su quipo en la dirección correcta, propone ¨ se lidera una persona a la vez "se reconoce la individualidad de la persona donde se lidera ese gran poder que hay en cada uno entendiendo que es diferente y tiene sus propios intereses. Si tú "rey León de la empresa" quieres inspirar, persuadir, convencer, y conmover tienes que conectar directamente con el ser humano, considerando que detrás de todo hay una persona, que cada uno tiene su punto de vista diferente, reconocer y respetar que piensa distinto, contemplando que un equipo es una persona moral con una identidad propia como conjunto, dice Mourey un equipo debe ser 4 × 4 es decir que puede avanzar independientemente en el terreno que sea, la tracción delantera es cuando la persona quiere, puede y sabe lo que quiere lograr va arrancando porque tienen los conocimientos los recursos para llevarlo a cabo, en la tracción trasera es donde el resto del equipo dice queremos y podemos cuando ya se está de acuerdo las dos partes tenemos un equipo 4 X 4.

La cultura tu principal enemigo o tu ventaja competitiva.

Tu cultura es el carácter de tu organización

La cultura es el temple con el que los miembros se enfrentan juntos a la adversidad y salen fortalecidos, es la gran autoestima y voluntad de cada uno de sus miembros sumada a la fuerza de la convicción por seguir adelante a pesar de las dificultades, La gran responsabilidad de un rey león mettalider es primero definir que cultura necesita para lograr los resultados que se ha propuesto, trabajar en el carácter de las personas entre mayor sea incentivada mejores resultados puede obtener, segundo lugar diseñarla y construirla todos los días, la cultura es el legado que el mettalider deja a la organización, trabajo en equipo o proyecto él o ella se van pero la cultura queda. Esta cultura competitiva invisible es el poder que hace que los misionarios dejen de comportarse como víctimas, se quejen de todas las circunstancias y le echen la culpa a los demás del porque no han podido lograr los resultados.

El Rey león creador de la mayor conectividad entre los seres humano ¨JESUS¨

Jesús de Nazaret informa la anunciación de su muerte a sus seguidores más cercanos sus discípulos, su equipo se reúnen para comentar quien podría ser el primero cuando Jesús muera en la cruz, generando una discusión y controversia entre ellos por la búsqueda de quien es el más grande, Jesús le dice el primero debe hacerse de último y servidor de todos. Ser el más grande no es un privilegio sino un acto de servicio a los demás.

Se requiere interpretaciones y análisis concienzudos lo que deja institucionalizado Jesús Cristo al respecto del liderazgo como modelo de servicio y humildad, líder no solamente es el que más sabe, el que más tiene poder, el que más manda, el más señor, el que quiere que lo sirvan y veneren. Dice Jesús El ultimo entre vosotros será el servidor de todos, en esta estructura el líder es el que más sirve, es el que menos se ve y se asegura que los demás avancen, se caracteriza por ser un líder que ama a servir a los demás, que permite que otros brillen y cede el paso para que todos crezcan y se desarrollen.

Un líder debe cuidar minuciosamente su vida personal para ser ejemplo a seguir, en el mundo corporativo no funciona así, el líder quiere separar la vida personal de la profesional, en la iglesia el líder debe cuidar su vida personal, debe ser un reflejo o semejanza del carácter de Dios, demostrando con acciones y como entidad un ejemplo para sus misionarios y la sociedad en general.

Requisitos o papeles que debe cumplir un rey león siervo:

Papel Visionario

Jesús es la persona de la que más se ha escrito en la historia de la humanidad, según Flavio Josefo año 66 al 73 después de cristo, en su obra antigüedades de los judíos en su texto testimonio Flaviano los describe así:

Por este tiempo apareció Jesús un hombre sabio, si es que es correcto llamarlo hombre, ya que fue un hacedor de milagros impactantes, un maestro para los hombres que reciben la verdad con gozo, que atrajo hacia él muchos judíos y muchos gentiles además era el mesías. Cuando pilatos frente a la denuncia de aquellos que son los principales entre nosotros lo habían condenado a la cruz, aquellos que lo habían amado primero no le abandonaron ya que se les apareció vivo nuevamente al tercer día, habiendo dicho esto sobre él, antes los santos profetas.

Jesús como visionario se centra en el panorama general ¨Venga tu reino, hágase tu voluntad en la tierra como en el cielo¨ la visión de Jesús nunca fue establecer una institución bien ordenada como una corporación, entidad o empresa, sino su iglesia la construye basada en una comunidad de creyentes que continuaran su obra trascendental y difundieran su mensaje de amor y salvación por todos los tiempos.

Papel Complementario

el servir es divino, es piadoso y es eterno significa que usted está siguiendo un patrón divino, Dios se nos revela al hombre como una trinidad, padre, hijo y espíritu santo. Jesús hecho hombre como hijo de Dios transciende en la humanidad influenciando en la sociedad a través de la historia como líder con dos naturalezas la humana y la divina, Jesús como hombre aumenta su conocimiento es decir aprende hoy lo que no sabía ayer, bíblicamente es crecer en sabiduría, en gracia, en un proceso de desarrollo espiritual, aunque las personas lo vieran es sus inicios como un hombre, su misma comunidad para ellos mismos era difícil verlo con tanta claridad como el Mesías el hijo de Dios, habían muchos esperado al Mesías aunque juan el bautista lo haya reconocido la gente tenía dudas, a pesar de los milagros que hacía a las personas, el mismo Jesús pregunto a sus discípulos quien dice la gente que yo soy? ¿Qué dicen ustedes que yo soy? Lo que hoy nosotros conozcamos de Jesús va a definir nuestro destino, por eso Jesús se expresó claramente para mostrar quien era, empezó hablar de su identidad no solamente a su equipo de trabajo los apóstoles sino a través de alegorías, parábolas y evangelización como decir ¨ yo soy la comida del mundo¨¨yo soy el pan de vida¨ en otras palabras soy la alimentación de su alma, sucede entonces que muchos no entendieron el mensaje y se apartaron con la intención de apedrearlo, lo hubieran podido matar antes pero todo tenía que suceder con el plan del padre, Dios. El papel complementario de Jesús como siervo es que el no vino a salvar ángeles el vino a salvar pecadores por eso se identificó como uno de nosotros, tenía que ser alguien de los nuestros para solucionar ese problema salvar la humanidad. Llevarlo Donde el hombre será lo que DIOS tenía como diseño que fuera, y no como es expresado en muchas facetas de la inteligencia artificial.

Capítulo 2: Un rey león concentrado y enfocado

El rey león scarface, llamado cara cortada en su habita natural debe estar concentrado y enfocado para la sobrevivencia del día a día y la protección de su manada.

El ser humano es un conjunto o sistema emociones, estado de ánimo que si se logran mover en su inconsciente puede llegar a ejecutar acciones que ni el mismo puede medir. La concentración se da en la medida que se coseche así crecerá, lo que piense ud una y otra vez es lo que aumenta en realidad en su mente.

Dentro de las virtudes ciudadanas de Benjamín Franklin hay una que la llamó DILIGENCIA qué es cortar las acciones innecesarias centrándose en lo que quieres lograr eliminando del contexto lo que se identifica como no necesario, lo que no sirve como distracciones, hábitos, costumbres, influencias negativas de las demás personas.

Ludwig van Beethoven se enfocó y concentro su trabajo en la música en llegar a mover emociones en las personas a través de sus nueve sinfonías "capaz de destapar el alma para mirar que tiene por dentro."

Para el rey León en la empresa debe centrarse en su objetivo sin importar el esfuerzo que haya que hacer para lograrlo muchos pierden su enfoque por falta de una entrega Total, hay mucho trabajo por hacer muchos esfuerzos y tareas que debes vencer de acuerdo a la programación de las metas en el tiempo Las cuales deben de ser claras, extensibles y medibles, si estás enfocado en lograrlo y alcanzas una meta a corto plazo debes diseñar una nueva, si no te funciona debes rediseñar reintentar no desistir concéntrate en tus puntos fuertes diseña planes de acción evita la procrastinación identifica lo que no te sirve y deséchalo no insistas en lo que has probado y no da resultados óptimos, lo que no te funcione revisa de donde radicó el error, desarrolla puntos de inflexión para retomar, Enumera, analízalos y pon en marcha nuevamente debes ser capaz de lograrlo apóyate con metodologías diferentes reforzando en forma gradual y repetida, trabaja Con personas homogéneas en tus propósitos al unir acciones te apoyas y el camino puede ser más claro.

Si quieres mejorar tu capacidad de concentración debes saber que todos podemos aumentarla si estas en clase, reunión o lugar de trabajo te das cuenta que te perdiste en algún momento y no tienes idea de lo que se estaba hablando o haciendo entonces debes aumentar su capacidad de concentración para poderte enfocar y centrar efectivamente, si sientes que quieres abandonar una actividad o tarea que decidiste tú mismo iniciar revisemos unos tips para ayudar a mejorar su atención, debes estar en buena forma tanto físico como mental, concentrarse intensamente por más tiempo nos hace más productivos así mejoráramos los resultados en nuestra vida cotidiana pero por otro lado nos permite dedicarle menos tiempo a las tareas menos importantes para eso debes de entender que la productividad puede depender de tres factores el tiempo, la atención, y la energía que tengas. Es importante entrenar tu capacidad de foco, el resultado de trabajo producido es igual al tiempo utilizado por la intensidad dé la atención mientras desarrollamos esa tarea, así que puedes dedicarle mucho tiempo a un trabajo, pero si su atención es deficiente los resultados van a ser también.

En el mundo actual atenta contra nuestra capacidad de atención el celular, WhatsApp, notificaciones, el chat, SMS, la adicción a las redes sociales Y miles de aplicaciones de ventas. Las personas hoy no logran prestar su máxima atención a un tema de su elección en forma seguida por más de 15 minutos entonces debemos aprender a manejar tu cerebro él está preparado para prestar atención tanto a cosas placenteras, situaciones de amenazas, y cosas nuevas. la clave para recuperar nuestra atención es utilizarla de manera consciente apagar el piloto automático e identificar lo más significativo así es fácil concentrarse tanto por el interés como por supervivencia cuando entrenes tu capacidad de concentración hazlo con las tareas más relevantes, evita la procrastinación, en segundo lugar elimina las fuentes de distracción como el celular ponlo en otro lugar en modo avión, aísla la música, la tv, ruidos externos fuertes, en tercer lugar entrene los ritmos de su atención y capacidad actual, toma un reloj o cronometro y vas a tomar el tiempo en actividad que hayas elegido su atención sin distraerte en inicia con reloj en mano en forma consecutiva, una vez que vea que su mente quiere distraerse con otra cosa para el reloj anota el tiempo que permaneciste concentrado. tu objetivo es aumentar ese tiempo cada vez más, si aguantas 4 minutos su primera vez que lo intentas anótalo, debes de hacer un descanso entre los puntos intermedios, haz el mismo ejercicio repetidas veces para mejorar su propia marca hasta el máximo que puedas, se trata de entender e identificar cuantas veces mi celebro tiene ganas de distraerse, una vez sabemos de cómo estamos en la parte cognitiva y concentración podemos utilizar otras herramientas que vamos a tratar en este capítulo.

Deep Work (trabajo profundo)

Esta técnica de trabajo profundo nos apoyaremos en el libro de Cal Newport para definir algunas técnicas que nos puedan servir, adaptar a nuestro diario vivir y vida laboral.

Trabajo a fondo la definición según cal Newport es un conjunto de actividades profesionales que se llevan a cabo en un estado de concentración desprovisto de distracciones, de tal manera que las capacidades cognitivas llegan a su límite máximo. este esfuerzo crea valor mejora las habilidades y no es sencillo de replicar.

Revisaremos en libro céntrate (Deep Work) te voy a compartir una forma de resumen para que sea más asequible el conocimiento del trabajo profundo, el libro tiene dos propósitos principales la primera parte convencerse de trabajar profundamente tanto en la vida profesional como personal, la segunda parte del libro como hacerlo en un mundo que está lleno de distracciones , hay dos formas de tomar el trabajo, el trabajo superficial que es el opuesto al trabajo profundo. El trabajo superficial está constituido por tareas que a nivel cognitivo no son un desafío, las puedes ejecutar en un medio de distracción no crean un gran valor y son fácil de replicar, en el mundo actual hay demasiadas distracciones, Facebook, Instagram, YouTube, llamadas por teléfono, llenar papeles, reuniones ete, el argumenta que hay una tendencia por el trabajo superficial el mercado va a complacer aquellos que se resistan a lo superficial que hoy trabajar a profundidad es una actividad super importante por dos razones:

1. Vivimos en un mundo que está cambiando demasiado rápido, las personas que tengan la capacidad de aprender rápido van a triunfar, es decir hay un muy buen futuro para aquellos que aprendan a manejar el trabajo profundo.

2. Esa interconexión de aquellas personas que requieran trabajo de alto valor triunfara rápidamente, es decir productos o servicios de alta calidad, mientras los que creen cosas mediocres van a ser fácilmente sustituibles.

El trabajar a fondo es valioso Hay muchas actividades que no se podrán ejecutar el trabajo profundo igual, no aplica para todos, pero si para la mayoría, el trabajo profundo es escaso, confundimos ocupación con productividad hacemos lo que es más fácil podemos estar distraídos viendo videos, viendo el celular, aparentemente estamos ocupados pero si tu trabajo es de producir no lo estás haciendo óptimamente, el trabajar a fondo tiene sentido trabajar a fondo no solo te va a dar éxitos deportivos, profesionales, laborales si no que te va dar muchos beneficios a tú vida privada basado en tres argumentos principales que son neurológico, psicológico y filosófico por donde tú te enfoques vas a tener resultados, es mejor que trabajes profundamente concentrado 4 horas al día y las demás las utilizan en cosas menos importantes, como meditar, compartir con la familia, trabajar a fondo es parte de éxito de grandes empresarios como Bill Gates quien se aísla dos o tres semanas al año en una Cabaña solo para sacar conclusiones importantes para su empresa.

Vamos a mirar rápidamente la segunda parte del libro que son las reglas;

1 regla numero 1 trabajar con profundidad: todos tenemos una cantidad de voluntad al día que es limitada entre más rápido la gastemos menos vamos a tener, la clave del éxito es generar rutinas entornos y hábitos que te ayuden a trabajar en profundidad y no tengas que emplear tanta profundidad al respecto. La escritora de la saga Harry Potter, Joane Rowling al sufrir tanta interrupciones al terminar de escribir su último libro en casa, decidió rentar una habitación de hotel super de lujo se encerró allí hasta terminar su escritura.

Hay 4 filosofías que podemos adoptar la primera : la monástica se refiere a la programación del trabajo profundo que consiste en aislarse por ejemplo irte a una cabaña, una temporada a trabajar en lo que es más importante para ti, tiene la ventaja que busca aprovechar al máximo la concentración y enfoque al alejarte de todos aquellos factores que te llevan hacer trabajo superficial quienes utilizan este método son personas que tienen una meta un propósito bien definido y su éxito depende de hacer esa tarea excepcionalmente bien, este método reconoce Cal Newport que es para muy pocos.

La segunda filosofía bimodal del trabajo profundo que consiste en retirarse a trabajar profundamente por periodos o temporadas, es decir haces un trabajo monástico, pero con periodos alternos para desarrollar otras actividades, ejemplo te vayas un semestre hacer un trabajo profundo luego vuelvas retomes a tu vida normal.

La tercera filosofía es tener rutinas de trabajo profundo apta para personas que no pueden desaparecer del plano diario de sus vidas, entonces escogen diariamente un periodo de tiempo por ejemplo trabajar de 9 am a 1 de la tarde, desarrollando hábitos bien definidos de horas de trabajo.

La cuarta filosofía es la periodística que consiste que cuando tengas un tiempo libre te dediques a lo que tienes que hacer sin distracciones, este método funciona para personas que tienen muchas capacidades, confianza y experiencias de logros previos que saben que lo pueden conseguir. Podemos sacar unos tips que nos pueden ayudar:

Primer tips es ritualizar genera rutinas y hábitos en vez de estar aplazando y gastar energía por ejemplo que tengas claro que día, a que horas, cuanto tiempo y lugar vas a dedicarte a profundizar, estudiar, escribir, trabajar debe quedar muy claro que es una forma y parte de tu vida,

Un segundo tips haz gestos excepcionales como el cambiar tu entorno para enviar señales a tu celebro de que eso es importante, algo excepcional diferente para que se pueda concentrar.

El tercer tips es no trabajar solo, en el libro se habla mucho el concepto de las oficinas abiertas, dejando al descubierto una herramienta de gestión **trabajar en equipo,** trabajar juntos para desarrollar grandes proyectos colaborativos compromisos públicos en los que debes cumplir con lo que dijiste, trabajar en equipo es muy bueno desde las diferentes fuentes de pensamiento puede ayudar a la resolución de problemas de una manera más efectiva para dar mejores soluciones.

Cuarto tips es el de las disciplinas según Cal Newport lo primero es concentrarse en lo verdaderamente importante hay veces queremos hacer muchas cosas a la vez, el que mucho abarca poco aprieta enfócate en una o dos metas que sean verdaderamente importantes para ti, las metas que son muy ambiciosas divídelas en pequeñas fracciones que tienes que hacer para conseguirlas enfócate en ellas para llegar a la gran acción de lo que quieres, otra disciplina es medir la acción Con indicadores de resultados que son muy básicos lo conseguiste o no .Los indicadores predictivos te van ayudar para obtener un buen resultado de manera consecutiva ve midiendo como vas debes tener claro A,B.C (mapa de prioridades)así vas a conseguirlo ejemplo si quieres aprender un idioma extranjero un indicador predictivo es cuanto vocabulario tienes, cuantas horas disponibles posees, esos indicadores me ponen un objetivo voy a aprender 10 verbos diarios, voy a ver películas , escuchar audios, la radio, leer el periódico si los cumples obtienes como resultado hablar otro idioma. Otra disciplina es llevar a cabo un tablero de resultados, colocar de manera visual tus avances diarios, semanal, mensual así que amigos mucho éxito en lo que emprendas.

Quinto tips el perezoso nuestro celebro tiene un tope de habilidades cognitivas que a veces el desconectar, tomar tiempo de descanso, el cambiar de tema es muy bueno para tu celebro porque hace que recargue energías y al día siguiente puedas volver a enfocarte, lo otro es abrir las puertas al aburrimiento la capacidad de concentrarse es una habilidad es como un musculo que se tiene que ejercitar, desarrolla una tesis muy recurrente que es que no toleramos estar con la atención puesta e incluso cuando nos queramos concentrar ya no vamos a poder así que debemos tomar ciertas reservas la interconectividad con las redes sociales, Cal dice que esta capacidad de concentrarse debería ser un hábito, un estilo de vida como los deportistas que cuidan su cuerpo como buena alimentación, el sueño, no hagas pausas en la distracción sino en la concentración, lo ideal es programar tus descansos, programas tareas con menos tiempo que seguramente vas a demorar para que te quede tiempo libre. Medita de manera productiva y profesional programa un paseo al aire libre para pensar como soluciones ese problema, practica técnicas de memorización y aléjate de las redes sociales según Cal están diseñadas para ser adquiridas de manera adictiva, para el trabajo profundo requieres de mucha dedicación, voluntad requiere adquirir mucha concentración para llegar al límite de tus capacidades, delega las redes sociales nos dice Cal hay que centrarse en un punto medio En el que veas y te cuestiones cuanto realmente te aportan, Elimina los superficial ni los más experimentados logran estar en alto grado de concentración y enfoque de más de 4 horas, prográmate en este periodo de trabajo ininterrumpido pero el resto de día puedes aprovecharlo para trabajar en lo superficial eventos, conferencias, email, redes, comparte con tu familia. Es decir lo ideal es que el trabajo superficial se puede organizar también en un bloque de horas en el transcurso del día, para que el trabajo profundo no tenga interrupciones.

Cal Newport exalta la capacidad de trabajo profundo de Bill gates, Bill se entera de la existencia de Altair el primer ordenador personal del mundo, que apareció en la portada de la revista popular electronics, inmediatamente entendió que allí había una oportunidad diseñar software para la máquina. Walter Isaacson explica en un artículo publicado en 2013 en la revista Harvard Gazette la forma en que Gates trabajaba con tal intensidad y durante lapsos tan largos en aquel periodo de dos meses que muchas veces se desplomaba frente al teclado mientras escribía el código. Luego dormía una o dos horas y retomaba el trabajo donde lo había dejado, lo define como una hazaña de concentración y un obseso en serie.

Argumenta Newport que el trabajo profundo es un reconocimiento pragmático de que la capacidad para concentrarnos es una destreza que permite hacer cosas valiosas. En otras palabras, el trabajo profundo es importante, no porque la distracción sea mala, sino porque le permitió a Bill Gates crear una industria de mil millones de dólares en menos de 6 meses.

La Meditación

El extinto científico mexicano Dr. Jacobo Grinberg quien desapareció en el año 1994 sin rastro hasta hoy, expuso la teoría sintergica, dijo que la meditación en un solo lugar de dos personas suscitaba una conexión de pensamientos entre ellos.

La meditación puede producir un estado de relajamiento profundo y una mente tranquila. Durante la meditación concentras tu atención y eliminas el flujo de pensamientos confusos que pueden estar llenando su mente y provocando estrés. este proceso puede resultar en un realce del bienestar físico y emocional. La meditación es un entrenamiento mental, dista mucho de poner la mente en blanco, al contrario, al meditar hacemos algo mucho más practico desarrollar cualidades como la atención plena, la compasión, el optimismo y gestionar dificultades como el estrés y pensamientos obsesivos, detiene la divagación mental, construye más conexiones entre las distintas partes del cerebro. En el libro de la meditación auto alusiva de Jacobo Grinberg dice que meditar es el camino por medio del cual puedo recuperar mi unidad original con el universo, sin perder mi presencia en el mundo del hombre. Es una puerta por la cual puedo retomar mi esencia cósmica cuantas veces quiera y ya fortalecido continuar mi camino aquí y ahora.

El objetivo de esta meditación es la observación, o la autoobservación de la totalidad de uno mismo se trata de integrar todos los elementos de la experiencia para llegar a la conciencia de unidad como la conjugación de lo individual y universal está conectado un poco con mindfulness. Básicamente se busca el cultivo de la concentración dice Grinberg que se necesita armonizar algunos elementos, un componente es la respiración si la mente se distrae volvemos a la respiración, otro elemento de observación es el cuerpo, recorriendo todas las sensaciones hasta el final lograr unificarlas, después se familiariza con los fenómenos mentales de la observación, no se observan los pensamientos si no el flujo de ellos, no se observan las imágenes, no se observan los recuerdos, no se observan las emociones se busca una observación simultanea de la experiencia observar todo a la vez como un todo. Cuando puedes hacer una observación simultanea de todos los elementos sucede algo extrañísimo se llega a un umbral donde la cosas comienzan a ser diferentes, es decir te conectas con Tigo mismo, logrando conectar todos estos elementos en la conciencia para aumentar la sintergia (neologismo que integra a los términos síntesis y energía)de nuestro campo neuronal, es decir se integran en un algoritmo más potente que no permita que se mueva nuestra atención de un lugar a otro.

Meditación de atención plena: La meditación de atención plena implica estar completamente presente en el momento, observar pensamientos sin apegos y cultivar la conciencia, se practica ampliamente para reducir el estrés, mejorar la concentración y el bienestar emocional.

Según los budistas es la práctica de la transformación de la mente para alcanzar su máxima posibilidad, puesto que el mundo tiene como naturaleza primordial la conciencia y no la materia, esta transformación supera los límites ordinarios que la sociedad secular materialista adscribe a la realidad.

Los monjes tibetanos tienen una técnica que consiste en concentrarse en la respiración, contar cada vez que inhalamos y exhalamos, primero se toma aire por la nariz y sacarlo por la boca. repetirlo lentamente hasta tres veces luego seguir respirando solo por la nariz a un ritmo normal, no muy despacio ni tampoco rápido. Según los monjes este ejercicio de meditación ayuda a enfocar la mente de forma cuantificable, se utiliza mucho la meditación de **un punto** que implica centrar toda la atención en un solo objetivo o tarea, es ideal para comenzar a calmar la mente y enfocar la conciencia, el objetivo escogido para desarrollar el ejercicio puede ser externo o interno solo debe centrarse en ese punto mirar fijamente a un solo sitio como un objetó pequeño, un punto negro o la llama de una vela.

Efectos neurológicos de la meditación

Los efectos que tiene la meditación en el cerebro humano se conocen desde hace años y son motivos de investigación actual casi a semana salen nuevos estudios donde se muestran más beneficios, los efectos positivos a nivel neurológico son amplios, desde cambios en el volumen de la materia gris hasta la mejora en la interconexión entre áreas cerebrales algunos beneficios son:

1. Reduce la actividad en los centros cerebrales del ego. Su estudio ha demostrado que la meditación mindfulness (conciencia plena) reduce la actividad en la red cerebral responsable de los pensamientos autorreferenciales, básicamente es diversidad de pensamientos, cuando la mente va de un lugar a otro, con ejercicios meditadores gana suficiente practica con ellos para forman conexiones neuronales que permite librarse de ellos.

2. Hace lento el envejecimiento cerebral, su estudio ha encontrado que las personas que meditan a largo plazo tienen cerebros mejor preservados que las que no lo hacen, estos estudios han demostrado que las personas con más de 20 años de practicar la meditación tenían más volumen de materia gris, es decir más jóvenes, la materia gris es la responsable de muchas de las funciones cognitivas superiores que son características de los humanos, como la memoria, el lenguaje, el pensamiento abstracto y la conciencia

3. Ayuda a controlar la depresión y ansiedad. La capacidad de la meditación mindfulness (conciencia plena) para reducir los síntomas de la ansiedad y depresión.

4. Mejora la memoria y concentración. Uno de los beneficios más destacados de la meditación es que mejora la atención, memoria y concentración, solo con pocas semanas de meditación empiezas a ver los resultados.

5. Ayuda a controlar las adicciones alcohol, fumar, estupefacientes, obesidad, comer en exceso. Un estudio comparo los efectos de la meditación mindfulness (conciencia plena) con los de un programa para dejar de fumar de la ¨American lung associations freedom from smoking y encontró que las personas que practicaron meditación tenían más posibilidades de dejar de fumar que aquellas que realizaron el tratamiento convencional

6. Controlar el estrés, el agite diario la inmediatez. Después de un curso de 8 semanas de meditación mindfulness (conciencia plena), los centros cerebrales de lucha o respuesta la amígdala disminuye su tamaño. Esta región cerebral, asociada con el miedo y las emociones, interviene en la respuesta del estrés. A medida que la amígdala disminuye, el córtex prefrontal asociado con funciones como la concentración y la toma de decisiones aumenta su tamaño

7. Sentir menos dolor. Se ha encontrado que las personas que tienen un nivel avanzado de meditación experimentan menos dolor corporal.

8. Mejora las habilidades sociales. Nos mejora nuestras relaciones con las demás personas, esto sugiere que las personas que meditan regularmente tienen una mayor habilidad de responder a los sentimientos de otros y de empatizar más fácilmente.

9. Reduce los sentimientos de soledad. Practicar la meditación como ejercicio metal es útil para disminuir los sentimientos de soledad, esta relación hace reducir notablemente el riesgo de mortalidad, suicidio y depresión.

10. Permite vivir más tiempo. Practicar la meditación ayuda reducir los telómeros que son una parte esencial de las células del cuerpo humano que afectan el proceso de envejecimiento, los efectos en la longitud de los telómeros al reducir el estrés y la celeridad en las personas, nos ayuda a ser más pacientes en nuestras actividades de vida.

11. Ayuda controlar el ritmo cardiaco. Practicar la meditación durante 8 meses seguidos estudios demuestran que hay descenso en el ritmo cardiaco y en la frecuencia respiratoria.

12. Reduce el riesgo a enfermedades como el Alzheimer y de muerte prematura. Practicar la meditación durante 30 minutos diarios reduce el riesgo de muerte prematura, alzhéimer, enfermades del corazón y depresión.

Mindfulness (Conciencia plena)

Aumenta el bienestar de las personas que lo practican busca entrenar la mente para centrar la atención y concentración redireccionando los pensamientos. Se considera una filosofía de vida que adquiere la práctica de la meditación es una técnica muy antigua se lleva practicando de hace más de 2500 años tiene el objetivo de mejorar la calidad de vida de las persona, trata de focalizar la atención en el momento presente, es un método para conseguir la atención plena centrándonos en lo que está sucediendo aquí y ahora es concentrarnos en lo que sucede en nosotros mismos y nuestro alrededor y saber renunciar al ruido y distracciones , es una herramienta muy buena de autocontrol un objetivo es lograr un estado profundo de conciencia, buscando que la conciencia no elabore juicios de nuestras sensaciones de nuestros pensamientos y sentimientos .Trata en dedicarle tiempo a experimentar tu entorno con todos tus sentidos, tacto, oído, vista, olfato y el gusto. Esta relación nos da un resultado importante en potenciar el enfoque en mejora del rendimiento y la resolución de conflictos y pensamientos negativos centrarse en el presente puede tener un impacto positivo en la salud y el bienestar, los tratamientos basados en mindfulness han demostrado que reducen la ansiedad, la depresión, presión arterial y mejoran el sueño. Una buena noticia es que cualquier persona puede practicar esta técnica de meditación independiente de su edad, religión, genero, lengua o profesión. Uno de los momentos recomendados para practicar mindfulness suele ser a primera hora de la mañana, es decir antes de que hayas tenido la oportunidad de estar demasiado sumergido en las actividades del día, adoptas una postura cómoda y observamos lo que ocurre en nuestra mente, cuerpo y entorno, lo que vemos en ese momento es lo que se llama mente de mono, una mente que salta de un sitio a otro bastante frenética, en mindfulness ejercitamos la atención como si fuera un musculo podría sugerir unos pasos para que practiques en casa o en tu lugar de trabajo antes de empezar sus labores diarias, ten en cuenta los siguientes tips; tiempo empieza a practicar unos minutos al día y lo vas incrementando hasta llegar por lo menos a 30 minutos, hay que ser perseverantes si vez que no logras cambios, encuentra un lugar tranquilo del día puede ser por la mañana, antes de ir a dormir, después de almuerzo, escoge un ambiente o sitio relajado tranquilo sin ruidos y distracciones con una temperatura adecuada, ponte una ropa y postura cómoda normalmente sentado en el suelo con la espalda recta para no obstaculizar la respiración y pon tus manos sobre una esterilla, céntrate en tu respiración como el aire entra por las fosas nasales y luego como lo expulsas, cuando su mente se distraiga llevarla nuevamente con la respiración con practica poco a poco iras mejorando la técnica y te llevara menos tiempo alcanzar ese estado, deja que vayan surgiendo libremente los pensamientos y emociones es imprescindible mantener una posición neutral hacia ellos no juzgarlos ni como buenos ni como malos simplemente percibirlos y observarlos en forma impersonal .

La práctica me da la posibilidad de estar en este espacio y en este momento reaccionando en una forma menos compulsiva e impulsiva considerando las condiciones que se den y que te dan es decir funcionando menos en piloto automático por lo tanto podemos tomar decisiones más libres y más adecuada a cada situación .

Dopamina

En la parte química es un neurotransmisor catecolaminérgico más importante del sistema nervioso central de los mamíferos, es decir es una molécula que se encarga de llevar un mensaje desde las neuronas que lo producen hacia otras células. Por eso participa en la regulación de diversas funciones como la conducta motora, la emotividad y la efectividad, así como en la comunicación neuroendocrina.

La dopamina ayuda al celebro a controlar las funciones motrices, movimientos y posiblemente realiza otras funciones relacionadas con el estado de ánimo, un desequilibrio de dopamina puede causar disfunción cerebral y enfermedad. también se conoce como la molécula de la felicidad proporciona placer (herramienta de cupido para enamorar) y relajación interviene en procesos de memoria y aprendizaje porque regula la duración de los recuerdos, es decir tiene la capacidad si determinada información se puede almacenar durante un tiempo o se elimina inmediatamente de nuestro celebro.

En el trabajo en equipo la dopamina nos sirve como fuente de motivación en el desarrollo de las tareas diarias, la dopamina desempeña su tarea antes de que obtengamos recompensa alguna, lo que significa que su verdadero trabajo es animarnos a actuar, para cumplir los objetivos del equipo. Si todos los integrantes del equipo tienen un buen nivel de dopamina controlan los niveles de información en el celebro, intensifican la memoria, la atención y el aprendizaje, a su vez interviene en la resolución de problemas.

Rey león de la empresa si quieres aprovechar esta herramienta para motivar a tu equipo logrando que estén concentrados y enfocados primero involucra conocerlos, saber que les gusta, que los mantiene contentos en su puesto de trabajo, cuáles son sus expectativas, cuáles son sus metas a largo plazo, entre otros factores a no mencionar aquí, pues serán estas respuestas las que determinen con mayor o menor énfasis la motivación, la eficacia, eficiencia y la productividad día a día

La dopamina es también llamada la hormona de la recompensa y la satisfacción se estimula mediante el ejercicio, escuchando música, el sexo, meditación, y cuando se logran cumplir los objetivos o las metas propuestas. Consigue también motivarnos a buscar situaciones o actividades agradables, evitando las negativas.

La cantidad de dopamina en la amígdala cerebral que es la región del celebro relacionada con emociones como la ira, el placer o el miedo nos permite saber si una persona es tranquila, insegura o se estresa con facilidad, los altos niveles de dopamina en la corteza prefrontal del celebro hace que las personas estén más motivadas a cumplir con los objetivos más exigentes y la concentración en el trabajo.

Como aumentar el nivel de dopamina en tu equipo.

Realmente existen muchos elementos que hacen aumentar los niveles de dopamina en tu equipo y con los que puedes jugar:

Como Ganar un premio o cualquier cosa fuera de lo habitual, si todo el equipo consigue llegar a la meta al final de la semana, mes o tiempo del proyecto, nuestro celebro nos recompensa con dopamina para motivarnos a obtener ese premio es decir si las cosas nos salen bien y obtenemos victorias, otras fuentes de motivación que puedes tener en cuenta salir una hora antes del trabajo, un día libre, un regalo sorpresa, compartir experiencias exitosas con el resto del equipo, realizar entrenamientos que nos enseñen y nos ayude a llegar a nuestros objetivos por tanto la dopamina es un aliado para todos los integrantes en la consecución de los objetivos porque brinda placer a obtener los premios y recompensas, rey león trabaja en ello y veras excelentes resultados en tu equipo.

Técnica de Pomodoro

Este método para la administración del tiempo fue desarrollado por Francesco Cirillo es un ingeniero informático creo la técnica en 1980 la técnica usa un reloj para dividir el tiempo dedicado a un trabajo. pomodoro es tomate en italiano, consiste en alternar pomodoros (sesiones de trabajo concentrado) con descansos breves y frecuentes para promover en las personas la concentración sostenida y evitar la fatiga mental es un método de gestión de tiempo que sugiere trabajar en intervalos de 25 minutos, sin interrupción ni distracciones y añadir tiempos de descanso de 5 minutos su objetivo es establecer metas y mejorar la productividad .

Recuerda que las tareas que requieran más de 5 pomodoros deben dividirse en tareas más pequeñas y manejables. Las tareas pequeñas (como responder emails) se pueden agrupar en un solo pomodoro, si tu jornada laboral es de 8 horas, asegúrate de no establecer más de dieciséis pomodoros en un día.

En el tiempo de descanso de los 5 minutos puedes hacer cualquier otra actividad como mirar el correo, las redes sociales que tanto nos gustan, levantarse de la mesa, caminar, tomar aire, estirar las piernas . con el objetivo de despegarse y mantenerse listo para el siguiente pomodoro y evitar el agotamiento, cada cuatro pomodoros se recomienda hacer pausas más prolongadas entre 15 y 20 minutos.

Técnica del yagé de los indígenas

Esta técnica no tiene un piso científico la quiero compartir como manera de información es usada desde el plano ancestral auspiciada y hecha por los indígenas de algunos países, pero no hay un piso preciso que avale su uso, solo que existe y se emplea por muchas personas del común, estudiantes, profesionales, académicos, políticos, amas de casa y parte de turistas que quieren vivir ese tipo de experiencias. El yagé es un enorme arbusto trepador que produce tallos leñosos que pueden alcanzar los 30 metros de largo, extractos de este arbusto se ha convertido en remedio tradicional que se utiliza desde hace miles de años en la selva amazónica y la zona andina en países como Brasil, Colombia, ecuador, Perú y algunas regiones de

Bolivia y Venezuela. En Colombia el brebaje de yagé se compone de la mezcla, hervida o cocinada del bejuco de Banisteriopsis Caapi con una planta con alta concentración de Dimetil triptamina (DMT) como la Diplopterys cabreana (chagropanga) .

Es una especie de purgante o bebida indígena que tiene como acción integral en la parte física, mental y espiritual, es importante incluirla aquí por sus propósitos que se relacionan directamente con el tema tratado en este capítulo que es la concentración y enfoque, así como hay otras técnicas avaladas científicamente que son procedimentales por psicólogos, terapistas, siquiatras, médicos también hay otras ancestrales como el yagé que tienen algunos efectos de limpieza de las impurezas fisiológicas, psicológicas y espiritual; si hay tal relación mente sana cuerpo sano, desde esa perspectiva se podría pensar que es más fácil la concentración y enfoque para las personas que dan uso a estas prácticas.

El ritual lo dirige un chaman o taita, el chamanismo forma parte de la religión indígena ainu y de la religión japonesa sintoísta. desde principios de la edad media, el sintoísmo ha sido influenciado y sincretizado con el budismo y otros elementos de la cultura continental de Eurasia oriental.

El chaman es una persona muy preparada dentro de la comunidad indígena, que viaja por diferentes zonas de estos países donde los invitan hacer los rituales, logran controlar el tiempo, profetizar, interpretar los sueños, proyección astral, separar voluntariamente el espíritu del cuerpo, entrar en otros mundos y poder tener acceso a las materias sutiles, al alma y el espíritu y la energía vital.

Según una investigación hecha por el antropólogo colombiano Juan Camilo Perdomo Marín, investigador independiente en un boletín de antropología de la universidad de Antioquia Colombia en su artículo bebiendo los cabellos de DIOS buscando aproximaciones teórico-metodológicas a las ceremonias de yagé en Colombia expone datos importantes a compartir en este conversatorio, explica Perdomo las ceremonias de yagé son escenarios interculturales emergentes que se han difundido a lo largo de Colombia en las últimas dos décadas, principalmente por medio de curanderos pertenecientes a las comunidades indígenas del pie de monte amazónico, los cuales han construido y consolidado dentro del territorio nacional amplias redes de pacientes urbanos y campesinos, también fuera del país se hacen centros de retiros o ritos periódicos en estados unidos y Europa, estos ritos tienden a comenzar con una breve introducción discursiva por parte de los médicos yageceros sobre los efectos del brebaje y la cosmovisión en el que esta inserto el rito, luego le hacen un breve rezo al yagé y, seguidamente, lo reparten al público. A los pocos minutos de tomar esta bebida se manifiestan sus efectos de purga física (vomito y diarrea) acompañados de profundos estados sinestesicos.(un sentido puede experimentarse al mismo tiempo que otro) en medio del trance los chamanes(sabios indígenas) velan por la protección de todos los asistentes entonando cantos ceremoniales y esparciendo humo de sahumerio, para el final, como cierre ritual, la búsqueda de realizar limpias espirituales. Esa búsqueda de nuevas experiencias espirituales y medicinales a incentivado la demanda y la receptividad contemporánea de estos ritos por parte de un público general y académicos. Las personas tienden a participar en estas ceremonias a razón de que buscan, por un lado, visiones en el trance (conocidas como pintas) las cuales interpretan como un medio de revelación de conocimiento interior; y por el otro prevención o cura de enfermedades, problemas mentales y traumas psicológicos, los cuales consideran no son tratados efectivamente por la medicina científica. No se espera ningún cambio sustancial en el mundo sino una transformación subjetiva del individuo en sí mismo. Lo que se busca es establecer un balance corporal perdido y conocimiento sobre el mundo social y la vida personal. Además, a través de las visiones del trance serian enseñados los cantos rituales (los cuales recitan de forma cíclica como mantras) y surgirían imágenes de los pacientes que indicarían sus estados de salud tanto física como mental.

Es importante conocer otros focos de como los seres humanos en busca de nuevas alternativas de conseguir limpieza interior que sería el primer supuesto que debemos hacer para preparar nuestro celebro, mente y hemisferios entrelazando y alineando los estados de conciencia, inconsciencia y subconsciente en la búsqueda del equilibrio que nos lleven a tener la capacidad de concentración y enfoque en los propósitos que cada quien necesita desde cualquier plano existencial, llámese personal, familiar, académico, corporativo, proyecto, trabajo en equipo, desarrollo de tareas específicas que requieran alto nivel de concentración.

Un extranjero que visita Colombia, África y otros países para vivir este tipo de experiencias el youtuber de nombre Lethal Crysis cuenta su primera experiencia del brebaje llamado yagé o también ayahuasca medicina indígena y tradicional, su primera vez tuvo visiones con gente que quería, gente cercana como sus padres donde se conectan con ellos con cosas personales que en su vida normal no alcanza a percibir, cuenta que las siguientes tomas las sensaciones son diferentes, explica que es una bebida de conexión con Tigo mismo, es algo muy personal, se alteran sus emociones y su estado de conciencia con nuestra propia verdad, se transforman las energías negativas en positivas, te llena de autentico amor, limpia y equilibra cuerpo, mente,(concentración y enfoque) espíritu además aporta crecimiento personal en las personas.

Capítulo 3: Un rey león determinado.

La sociedad humana admiramos el coraje, la fuerza y el poder del guerrero scarface cara cortada el verdadero rey león del samay quien domino 7 manadas y conquisto territorios con gran determinación Junto con su equipo llamado los 4 mosqueteros.

El rey león de la selva es llamado así por su mentalidad, su determinación, no por ser el más grande, el más inteligente, el más rápido la diferencia está en su mente decidida a lograr lo que se propone.

Quieres ser un rey León con determinación en tu equipo trabaja duro a diario, gánate el respeto de cada uno de sus miembros, muestra su competencia, perseverancia en el lugar de trabajo, inspira para que te sigan, trasmite energía, hazlo parte de tus emociones vibra y entrega todo lo mejor de ti, lucha, esfuérzate no importa la circunstancia, prepárate, escúchalos, protégelos, quiérelos como tu familia.

El rey León de la selva no se estremece con las risas de la hienas, no bajes la guardia mientras respires, tú eres responsable de tus éxitos y fracasos nadie más, adáptate haz cambios cuando sea necesario, tú decides vivir como una oveja o luchar como un león, una mentalidad del león es determinada para lograr lo propuesto enfrentando lo que sea sin titubeos con decisión, se intuitivo, vuélvete experto escalando muros o saltando por encima de ellos se persistente conviértete en el alma de la manada en el alma de tu equipo.

Definición de determinación

Desde el punto de vista de conexión interna es cuando entrelazo con mi ser, puedo conocerme a mí mismo, puedo identificar mis debilidades y fortalezas a la vez soy capaz de cuestionarme en que me quiero convertir lo que quiero ser, cual es la Metamorfosis que quiero conseguir, como lo voy hacer en que tiempo, que estoy dispuesto a sacrificar, que precio estoy dispuesto a pagar, que apegos estoy dispuesto a través de mi fuerza de voluntad a soltar de mí, en el caminar hay tropiezos, dificultades ganas de desistir, la determinación es una fuerza interna que me alimenta me da herramientas, son decisiones, no es un idealismo, la determinación es actuar, tener fuerza, fiereza para lograr mis metas siempre buscando ser felices, seguramente debemos sumar hábitos buenos cada día para lograr la excelencia, si podemos tener una excelencia sostenida vamos ser personas éticas a la sociedad.

La determinación es la fuerza que te permite conquistar sueños o afrontar situaciones difíciles es la decisión que tomas de continuar pase lo que pase y te ayuda a sentirte pleno con lo que realizas, pero debes de asumir la responsabilidad de tal decisión, no la puedes descargar sobre otra persona, te das cuenta de tal decisión cuando tienes metas claras y las persigues con tu máxima energía y actitud.

Kobe Bryan el jugador de baloncesto americano jugó con la mentalidad de hoy es el día, sabía que este día era el único que controlaba; aseguró de poner su corazón y alma a cada grano de esfuerzo en él.

Nayib armando Bukele Ortez actual presidente de la República del Salvador siendo el país más pequeño del continente americano, al empezar su presidencia de los más inseguros del mundo, decide voltear la historia de su pueblo lleno de polución social, toma la determinación enfrentar las pandillas y encarcelarlos para dar lo que más necesita una sociedad libertad y seguridad

Thomas Jefferson en la declaración de independencia determina lo siguiente para los seres humanos:

Sostenemos que estas verdades son evidentes en sí mismas, que todos los hombres son creados iguales. Que su creador los ha dotado de ciertos derechos inigualables que entre estos se encuentra la vida la libertad y la búsqueda de la felicidad

Arturo calle es una de las marcas más reconocidas, queridas por el público colombiano es un ejemplo de determinación para los nuevos emprendedores del mundo, el crecimiento de su organización la baso en el ahorro, humildad y no endeudamientos e invirtiendo en el capital humano sus misionarios integrándolos en la empresa como una extensión de su familia.

Para el rey león desde el punto de vista empresarial la determinación implica encontrar respuestas, nunca rendirse, y nunca conformarse con los resultados actuales, es importante para las empresas no lleguen al fracaso y se tengan que cerrar por falta de perseverancia, la reconocida psicóloga Angela lee Duckworth quien ha dedicado parte de su vida a investigar las causas del éxito, hace una clara referencia al poder de la determinación, asegura que más allá del talento que pueda tener una persona, la determinación es la clave, ya que incluye la pasión y la perseverancia, es aferrarse a tu futuro, viviendo el presente, producir mas no trabajar, para hacer ese futuro una realidad. ¨vivir la vida como si fuera un maratón, no una carrera de velocidad¨.

Historia de vida de los hombre más determinado de la tecnología, Steve Jobs fundador de Apple

Nunca termino sus estudios universitarios, cuenta que fue dado en adopción por su madre biológica ya que deseaban una niña, su madre no quiso firmar la adopción al enterarse que sus futuros padres adoptivos no eran profesionales, con el tiempo decidió hacerlo y firmo. Mas tarde a sus 17 años ingreso a estudiar en una universidad muy costosa que no estaba al alcance de los ingresos de sus padres, a los 6 meses de estar allí empieza a cuestionarse en que la universidad le puede aportar, además estaba gastando todo el dinero de sus padres que habían ahorrado en su vida entera entonces decidió retirarse de la universidad. En el momento de la decisión dejo de tomar las clases que no le parecían importantes y solo se concentró en las que lo eran para él, todo no era color de rosa dormía en el piso de los dormitorios de sus amigos, vendía latas de gaseosa para comprar comida, caminaba 7 millas a través de la ciudad para comer una buena comida a la semana. Al seguir su camino y la intuición le sucedieron cosas que resultaron ser invaluables más adelante un ejemplo de ellos fue estudiar caligrafía todas la etiquetas del campus universitario estaban bellamente caligrafiadas a mano, debido a que se había retirado y no tenía que tomar las clases normales decidió tomar la clase de caligrafía, aprendió allí acerca de los tipos de series y Sam series, cerca de la variación de cantidad de espacio y de las combinaciones diferentes de las letra comenta que era bello histórico y artístico, nada de esto tenía la esperanza de una aplicación práctica en su vida cuenta STEVE. La conexión sucede 10 años más tarde cuando estaba diseñando la primera computadora Macintosh todo tuvo sentido, lo diseño todo en la primera computadora con una hermosa taquigrafía, si no fuese asistido a ese curso en la universidad la Mac nunca fuera tenido tipos múltiples o fuentes proporcionalmente espaciadas, muy probablemente ninguna computadora personal lo tendría, por su puesto era muy difícil conectar los puntos mirando hacia adelante cuando estaba en la universidad haciendo el curso, sin embargo fue muy claro mirando hacia atrás 10 años, explica que se pueden conectar los puntos mirando hacia atrás, confíen todos Uds en lo que digo, en algún momento de su vida lo que hagas hoy se conectara en el futuro, confía en su intuición, destino, karma, en lo que sea esta perspectiva dice STEVE nunca le fallo. con su amigo Steve Wozniak empezaron Apple en el garaje de sus padres cuando tenía 20 años de edad, trabajaron duro en 10 años después paso de ser una compañía de un garaje a una compañía de 2000 millones de dólares con más de 4000 empleados, a sus 30 años había lanzado su mejor creación hasta el momento en computadoras, luego llego el despido de la compañía, como te pueden despedir de un compañía que creaste, cuando empezaba a crecer y todo marchaba bien se contrató a otra persona muy talentosa para dirigir la compañía con migo comenta STEVE, el primer año las cosas marcharon bien pero luego las expectativas para el futuro comenzaron a divergir eventualmente se tuvo una discusión en ese momento la junta directiva lo apoyo a él, por lo tanto a sus 30 años estaba afuera, públicamente afuera lo que había sido el foco de su vida, comenta fue devastador no sabía que hacer durante varios meses, se sentía decepcionado. Lo que había pasado con Apple no había cambiado en absoluto a pesar de ser rechazado, seguía enamorado de su propósito y decidió comenzar de nuevo no lo entendía en ese momento, pero luego entendido que la salida de Apple fue lo mejor que pudo sucederle para entrar en una de las etapas más creativas de su vida durante los siguiente 5 años comenzó con la compañía llamada next, otra compañía llamada pixar, también encontró a su media naranja su esposa Laurens una maravillosa mujer, creadora de la primera película animada por computadora, toy story es de los estudios más exitosos del mundo, sorprendente mente Apple compra a next, y regresa a Apple la tecnología que se desarrolló en next es el actual renacimiento de Apple, la despedida de Apple fue una medicina con un sabor amargo pero seguro el paciente la necesitaba a veces la vida te pega duro con un ladrillo en la cabeza no pierdas nunca la fe, Steve siempre estuvo convencido de que amaba lo que hacía, el trabajo va a llenar gran parte de sus vidas pero hazlo bien, si no lo haz encontrado sigue buscando son asuntos del corazón sabrás cuando lo encuentres al igual que cualquier relación importante se mejora con los años. Deja la siguiente reflexión ¨si vives cada día de tu vida como si fuera el ultimo algún día realmente tendrás una razón¨ desde entonces hasta el último día de su vida por la mañana se preguntó frente al espejo si hoy fuese el último día de su vida que haría por hacer lo que tengo que hacer hoy, si la respuesta es negativa por varios días seguidos debe saber que debo cambiar algo, al recordar que pronto morir es la herramienta que ha encontrado para ayudar a tomar las grandes decisiones de su vida, todas las expectativas externas, todo el orgullo, temor al fracaso todas esas cosas desaparecen ante de la muerte dejando únicamente lo que es importante. Ya se está desnudo nadie quiere morir la muerte es el destino que todos compartimos nadie se escapa de ella y así es como debe ser, quizá la muerte sea la mejor invención de la vida es el agente de cambio borra lo viejo para abrir paso a lo nuevo, lo nevo son ustedes, pero un día no muy lejano gradualmente se convertirán en viejos y se borraran, el tiempo es limitado no lo pueden perder viendo la vida de los demás, no se dejen atrapar por dogmas y vivir con los resultados de los pensamientos de otras personas y de las opiniones de los demás tengan el valor de seguir su corazón, sigan hambrientos sigan alocados Steve Jobs muere el

5 de octubre del 2011 en palo alto california estados unidos sus últimas palabras fueron OH WOW, OH WOW,OH WOW.

Tips para desarrollar la determinación de un rey león en su equipo

1. Establece que aquello por lo que estas luchando y trabajando es lo que realmente deseas, con fuerza interna desde lo más profundo de las entrañas de tu ser.

2. Cuando se le presente un obstáculo que le impida continuar en el camino, repite persista y resista hasta vencerlo.

3. Actúa con confianza, como si ya fueras logrado lo que quieres hazlo por hecho.

4. Recuerda que el éxito puede estar cerca de su alcance, justo antes del próximo reto que tomes.

5. Toma decisiones radicales en lo que quieres lograr. Aférrate a tus sueños arraigados en tu corazón con la firme determinación de triunfar.

JIM ROHN empresario estadounidense y entrenador de liderazgo, dice que la mejor definición de determinación la obtuvo de una chica estudiante de secundaria de un colegio en california, le encantaba hablar con los jóvenes porque se le ocurren cosas maravillosas, la chica dijo señor ROHN creo que se la definición creo que determinación es prometerse a uno mismo que no se dará por vencido, dijo Rohn es la mejor definición que haya escuchado, no hay que prometerle nada a las demás personas, nada al mundo solo tienen que hacerse la promesa a ustedes mismos, la gente debe intentar hasta que encuentres respuestas, cuantos libros leerás hasta que tengas una buena salud y te evites un problema cardiovascular, hasta que sea necesario verdad, acaso no leerías libros sobre independencia financiera hasta ser financieramente independientes, acaso no leerías libros de liderazgo hasta convertirse en lideres, acaso no leerías libros de poder hasta obtener poder, acaso no insistirías en armar un buen equipo de trabajó hasta lograrlo, si quieres ser un líder referente debes prepararte hasta ...., no se conformen con menos usen esta palabra hasta......, haz suficiente ejercicio hasta ser saludable, me impondré diciplinas hasta que me falte el aliento, cuando lo asumas tu vida va a dar un giro.

Aporte de Jim Rohm a la determinación:

¿JIM ROHM deja unas preguntas formuladas que nos ayudan a ser determinados, primera pregunta por qué? no dejen pasar ningún porque sin una respuesta de peso, cuando por qué obtiene poder el cómo se hace fácil, si uno tiene suficientes motivos eso lo impulsa. ¿Segunda pregunta porque no? Cuantas habilidades pueden desarrollar, cuánto dinero puede compartir, cuantas personas puedo ayudar, cuanto puedo aportar a mi equipo, ¿porque no? En cuantos emprendimientos pueden involucrarse, cuantas ventas puedes realizar, ¿porque no? cuantos prospectos nuevos puedo hacer este mes, cuantos ascensos puedo lograr en mi compañía, cuanto puedo mejorar como padre, madre, hermano, hijo en mi familia, ¿porque no? cuantos amigos nuevos puedo hacer, porque no ver todas tus posibilidades y valores frente a la vida, ¿en cuánto puedo mejorar mi relación con Dios porque no? ¿Vivan una vida extraordinaria, vayan donde quieran ir porque no?

¿Porque Uds. no? ¿Si las otras personas pueden, porque Uds. no? Uds. no pueden leer, no pueden cambiar, si otro puede fijarse algunas diciplinas y salvarse del fracaso porque Uds. no? ¿no pueden madrugar más, por que ustedes no? pueden trabajar más, acaso su sangre tiene menos ambición que la mía. Las historias de éxito en estados unidos se trata de esto, una mujer como Mary Kathlyn Wagner empresaria y fundadora de Mary Kay Cosmetics empezó vendiendo libros en una época de patriarcado donde la mujer era discriminada socialmente y logro ser la mujer mejor empresaria del siglo XX dejando un legado donde la mujer pueda conseguir éxito y transformar sus vidas ayudando a otras y ser reconocida en igualdad en estados unidos, De eso se trata las historias del sueño americano si uno puede hacerlo porque ustedes no? .

JIM pone el ejemplo de su amigo Mark Hughes fundador de (Herbalife Nutrition Fooundation,HNF) consumía drogas cuando era chico, pero consiguió escapar se interesó tanto en conseguir que otros salieran de las drogas que comenzó a recaudar fondos incluso cuando era joven, se convirtió en uno de los mejores cuando era adolescente gano todo tipo de premios, aún hoy da gran parte de su fortuna a ayudar a que los jóvenes salgan de las drogas en un gran filántropo social, uno de sus cliente en aquel entonces fue Ronald Reagan quien fuera después presidente de los Estados unidos, este joven Mark Hughes no conoció a su padre hasta la edad de 20 años y cuando lo conoció no le agrado desafortunadamente no volvió a verlo por 9 años, luego decidieron que fueran buenos amigos y lo lograron, fue una manera difícil de crecer el juez tuvo que decidir con quien iba a vivir Mark cuando era niño no fue el mejor de los casos a sus 18 años su madre murió de sobredosis, Mark nunca asistió a la universidad únicamente fue a la escuela hasta noveno grado y después dejo los estudios, cuando su madre murió ella estaba tratando de bajar de peso de perder unos kilos volviéndose adicta a las drogas para adelgazar, luego se volvió adicta de las pastillas para dormir entonces empezó a visitar dos, tres, cuatro, cinco médicos todos a espaldas del resto para mantener ese monstruoso habito, cuando tenía 36 años de edad murió, cuando murió Mark, dijo que tenía que haber alguna manera de bajar unos kilos sin volverse adicto a las drogas, dijo que iba a buscar una manera que tenía que haber una manera nutricional, una manera segura así que empezó a estudiar sobre nutrición en 2 o 3 años no se podía creer lo que sabia, hizo un gran descubrimiento fueron las hiervas estaba tan fascinado por ellas que viajo a China cuando era solo un joven, y finalmente preparo una formula llamada Herbalife, su abuela fue su primer cliente él dijo abuela estas gorda tienes que probar mi nueva fórmula, ella dijo está bien perdió algo de peso y se sintió bien e hizo correr la voz le consiguió más clientes así comenzó Herbalife, al principio empezó a vender desde el maletero de su carro y siguió adelante, siguió adelante consiguió más clientes

*que lo ayudaran gano 1000 millones de dólares en ventas, se
entusiasmó tanto con lo que había logrado que gano otros 1000
millones de dólares en ventas y luego siguió adelante extendiendo a
otros países y gano otros 1000 millones de dólares en ventas
entonces dijo simplemente esto va bien, siguió adelante, siguió
adelante y gano otros 1000 millones de dólares en ventas cuanto
suma esto? Hace negocios en muchos países en forma oficial quizás
en más de 50 países, ahora es un megárico superando la
imaginación vive en una mansión y tiene casas en todo el mundo
sabes que él les diría hoy a Uds. ¿Porque uds no? Que más le diría
responsabilícense al 100% asuman el desafío, determínense
trabajen para buscar una salida no se conformen con menos dejen
que estas historias los inspiren comience de cero comienza de nada,
comiencen con deuda comiencen desesperados, comiencen desde la
oscuridad no desatiendan la forma, no permitan que nadie se las
quite Aléjense de la sombra para entrar a la luz permitan que sus
vidas se vuelvan poderosas y valiosas y únicas tengan todos los
patrimonios que puedan conseguir en sus vidas tanto Uds. como sus
familias, sus tesoros sus emprendimientos, último mensaje de JIM
pidan la ayuda de Dios .*

Otro ejemplo de determinación es el empresario y filántropo
colombiano Carlos Ardila lulle, en el año 2000 recibió el premio de
empresario del siglo, según la revista Forbes estuvo en el top de los
mil hombres más ricos del mundo es un ejemplo de superación
oriundo de una familia de clase media ¨ No me arrepiento de nada

en esta vida. Si uno no se arriesga, si no lucha, si no brega, pues las cosas no se pueden dar de la noche a la mañana.

Determinación de la ONU sobre el agua, el recurso natural más importante de la humanidad

Segunda reunión específica sobre el agua en casi medio siglo convocada por el organismo máximo de las naciones (ONU) Me parece super importante cuando hablamos de determinación y autodeterminación de acción emergente, ¨cuando se aproxima un invierno de descontento mundial dice la ONU¨ . donde debe intervenir el liderazgo mundial y más cuando involucra al ser humano en todo su ser, sin importar raza, religión, creencias, partidos, políticos, etnia, ubicación continental, hay un tema neurálgico que los lideres del mundo y las personas del común debemos asumir es luchar para preservar el agua, vamos a poner la atención en este espacio lo que sucedió en el 2023 en el marco de naciones unidas(ONU) que tuvo lugar en new York estados unidos, una conferencia convocada por la comunidad internacional para evaluar los progresos alcanzados, pero también los limitantes y obstáculos que frenan las acciones de la comunidad internacional para tener acceso adecuado al saneamiento de tan preciado recurso el agua, los impactos del cambio climático global en el ciclo hidrológico, la competencia geopolítica, y los retos de la seguridad hídrica.

Crisis simultaneas multifacéticas amenazan el porvenir de la humanidad en medio de una crisis planetaria por la explotación y la férrea competencia de los recursos naturales. Los efectos devastadores del cambio climático el tema del agua toma preponderancia en la agenda internacional, según la ONU una de cada cuatro personas de todo el mundo carece de agua potable segura. el mundo debe enfilarse hacia la búsqueda de soluciones para enfrentar la crisis actual del agua no olvidemos que este recurso es vital para la conservación de la vida, el crecimiento económico el desarrollo sostenible y el alivio a la pobreza.

Vamos a ver algunas ponencias de lideres mundiales con respecto al tema tratado:

Aporte del gobierno de honduras frente a la ONU:

partes de la ponencia de la presidencia de la república de honduras Xiomara castro dijo la exponente con el propósito de hablar del problema mundial del agua la sostenibilidad y el saneamiento para toda la población este es un desafío que asumimos todas las naciones del mundo en primer lugar resulta insoslayable que el problema del acceso y la distribución del agua tiene su origen en el modelo de acumulación que rige el mundo el capitalismo a resolver este problema requiere mucho más que conferencias pactos globales programas de atención o alivio resolver el problema del agua está relacionado con entender que el problema está en las políticas neoliberales y el sistema capitalista y es por ello que debemos apostar por un cambio estructural del sistema, las potencias globales y los países altamente industrializados son los principales contaminantes del mundo en tanto que los países denominados en desarrollo somos las permanentes víctimas de los efectos de la contaminación por la vulnerabilidad social y ambiental es así que no basta con entregar nuestra mano de obra barata con importar bienes y productos a alto precio también debemos sufrir las peores consecuencias del cambio climático cada año nuestros inviernos se vuelven más irregulares y nuestros veranos más calientes pasamos de ver inundadas nuestras ciudades y nuestros valles productivos a padecer la sequía y la falta de agua vemos con mucho dolor y preocupación las masivas migraciones de nuestros pueblos a causa del cambio climático y de sus efectos nocivos, sin embargo nuestra presencia hoy aquí no es solo para denunciar el modelo e insistir en que ningún cambio verdadero es posible si los países que integran la elite del mundo no renuncian a sus formas de existir opulentas y destructivas. Honduras se presenta ante esta conferencia del agua como una nación digna, soberana y autónoma que pese a sus limitaciones lleva a cabo acciones para lograr el cumplimiento de la agenda 2030 objetivo 6 del agua, honduras está dispuesta a colaborar y a unir esfuerzos con otras naciones y organismos a fin de preservar la vida del planeta no obstante debe ser una condición innegociable el mutuo respeto el reconocimiento como iguales porque ya no es permisible el intervencionismo ni la imposición de ninguna potencia, somos forjadores de nuestro propio destino vamos a construirlo desde la **autodeterminación.**

Aporte Antonio Manuel de Oliveira Guterres (secretario general de las naciones unidas)

En la conferencia sobre el agua 2023, da los siguientes apuntes: el agua es la savia de la humanidad, de los alimentos que comemos, más los ecosistemas y la biodiversidad que enriquece nuestro mundo, la prosperidad que apunta a nuestras naciones a los motores económicos de la industria la agricultura y la generación de energía para nuestra salud higiene y la propia supervivencia, el agua es un derecho humano, común denominador para desarrollar un mundo mejor, pero el agua encara grandes desafíos, estamos haciendo un sobreconsumo, y un uso insostenible estamos haciendo que se evapore por el calentamiento del planeta, hemos roto el ciclo del agua, hemos destruido ecosistemas y contaminado las aguas subterráneas, tres de cada cuatro desastres naturales están vinculados al agua, una de cada cuatro personas vive sin servicio hídricos sin acceso a agua potable, 1700 millones de personas no tienen acceso a saneamiento básico, 500 mil millones practican la vegetación al aire libre y hay millones de mujeres y niños que deben recoger agua a diario, creo que hay 4 ámbitos en los que se pueden acelerar los resultados para cambiar la situación actual, primero acabar con la brecha de gestión del agua los gobiernos deben desarrollar planes que garanticen un acceso equitativo para todas las personas al tiempo que se conserva este recurso precioso y le pido también a los países que trabajan en forma transfronteriza en gestionar los recurso hídricos, segundo hay que invertir en temas de saneamiento en el agua, pido a todas las naciones que apliquen el convenio del agua, el estímulo ODS y las reformas que se han propuesto para la arquitectura financiera mundial tiene como objetivo aumentar las inversiones las instituciones financieras tienen que encontrar formas creativas para ampliar la financiación y acelerar la reasignación de los derechos especiales del giro y los bancos de desarrollo multilateral tienen que seguir ampliando sus carteras sobre aguas saneamiento para apoyar a los países que lo necesitan en forma desesperada, en tercer lugar no podemos encarar esta urgencia del siglo XXI con infraestructura obsoleta y por lo tanto hay que invertir en la infraestructura de distribución de agua y de plantas de depuración que sean resistentes ante las catástrofes se necesitan nuevas forma de reciclar, mantener el agua implica sistemas alimentarios inteligentes que protejan al clima y a la biodiversidad reduciendo las emisiones de metano, el consumo de agua exige inversión en un nuevo sistema de información mundial para poder prever las necesidades a tiempo real que significa que cada persona en el mundo tiene que beneficiarse de los mecanismos de alerta rápida ante los eventos climáticos más peligrosos y esto exige también prever nuevas alianzas publico privadas en el marcó de nuestras actividades, cuarto lugar hay que luchar contra el cambio climático, la acción climática y un futuro sostenible para el agua son dos caras de la misma moneda y no podemos exceder esfuerzos a la hora de limitar a un gramo y medio Celsius el calentamiento del planeta respondiendo a las expectativas de los países en desarrollo en cuanto a justicia climática al G 20 le propuse un pacto de solidaridad climático de forma que todos los grandes emisores tendrían que redoblar esfuerzos para reducir sus emisiones mientras que los países más ricos tendrían que utilizar los recursos técnicos y financieros para apoyar la transición de las economías emergentes, a principios de esta semana presente un plan para intensificar los esfuerzos para conseguir sacar adelante este pacto de solidaridad climática mediante un programa de aceleración y movilización de todos para reducir las emisiones, no podemos perder más tiempo hay que reconocer el agua como motor de desenvolvimiento de las economías y entenderla como derecho humano, es el momento de adquirir compromisos que cambien el rumbo de nuestras acciones para que la agenda del agua pueda salir adelante.

Aporte Pedro Arrojo

Relator especial de la ONU para los derechos humanos el agua y el saneamiento comenta recientemente se sabe que Entra el agua en lo que se llaman los mercados de futuros de Wall Street, eso significa que se le da la consideración al agua como un simple bien económico una simple mercancía e incluso se dice las declaraciones justifican el agua es como el petróleo, el oro, son bienes económicos que deben gestionarse desde la lógica del mercado, yo siempre suelo decir que desde dinámicas oscuras en el mercado se encarece tremendamente la gasolina y cualquiera que tenga dificultades para pagar la gasolina del carro pues al final puede ir caminando, pero si le falta el agua muere o enferma por eso el agua es un derecho humano y el petróleo no lo es, los mercados del futuro es un mecanismo que se mueve sobre todo en el ámbito de las materias primas los grandes compradores, distribuidores ya sea de alimentos, petróleo o de cualquier otra materia prima puedan hacer contratos a tiempo vista especulando un precio por adelantado para unas determinadas cantidades que pueden ser masivas se podría decir que eso podría tener el justificarse con una ventaja eso estabiliza para el comprador de grandes cantidades, un precio para ganar en un futuro que puede ser latente e incierto evitando fluctuaciones que se puedan producir y para el vendedor asegura la venta del futuro quizás a menor precio evitando las contingencias del porvenir, pero que ocurre en este siglo se permiten que entren los grandes mercados de futuro, entren las grandes corporaciones financieras o bancos, con tal dinero ellos pueden condicionar y predominar el precio de corte especulativo para más adelante, esas son la típicas economías llamadas de casino donde siempre gana la banca en este sentido.es un peligro si llegamos a esa situación por la especulación monopólica de precios debido a los mercados del futuro.

Retroalimentación

Necesitamos todos los seres humanos tomar **determinación** y asumir responsabilidades sobre la problemática del agua a nivel mundial que sucede hoy con injerencias directamente sobre cada uno de nosotros ya que estamos en peligro, las ponencias de tres puntos de vista para el foco del problema, uno es el enfoque de un país de Latinoamérica honduras, otro es desde el punto de vista directo de la organización de la ONU a través de su secretario general y otro punto de vista del relator especial de los derechos humanos de la ONU para el agua, el punto analizar y que cabe en lo que estamos hablando es que hay una situación emergente del agua a nivel mundial, que se está buscando la reacción de las grandes potencias mundiales, generando un estado de conciencia general en el cuidado de tan preciado líquido, ya expuesto la importancia que significa para el ser humano hay que tomar acción que no es otra cosa el acto de decidir de manera definitiva y firme tanto los gobiernos, derechos humanos y las personas, se podría empezar por nosotros en casa ahorrar agua con unas prácticas muy sencillas, no demores en la regadera, cierra las llaves mientras te cepillas los dientes, repara las fugas y filtraciones en llaves y tuberías, lava los trastes en una bandeja con agua y no bajo la llave, ajusta el nivel de agua en la lavadora, lava el carro con cubeta y esponja no con manguera, el uso de técnicas de economía de agua puede ahorrarle dinero por ende va llegar más agua a nuestros ríos, y fuentes hídricas lo que ayuda a mantener el medio ambiente saludable, y nutrir nuestros ecosistemas, amigos si tomamos determinación de estas acciones en casa enseñamos a nuestros hijos, los profesores enseñan en las escuelas, Las empresas y los gobiernos locales expanden e insertan campañas culturales de conservación, con cultura de ahorro por parte de la población seguro lo vamos a lograr vamos a romper las predicciones de escazas a nivel mundial del líquido vital de la vivencia humana el agua.

*Benjamín Franklin padre fundador de estados unidos instituyo 13 virtudes ciudadanas para coordinación de buenas costumbre y hábitos que son: templanza, silencio, orden, **determinación,** frugalidad, diligencia, sinceridad, justicia, moderación, limpieza, tranquilidad, castidad y humildad, hoy adicionamos 3 virtudes nuevas proteger los animales, el medio ambiente, y conservar el agua.*

Capítulo 4 El rey león trabaja en equipo

Scarface cara cortada fue una inspiración para todos los amantes de los animales, líder de una manada de tres hermanos que reinaron por varios años como los leones más fuertes del territorio africano una manada unida por la hermandad y la sangre lo que los hizo invencibles.

Definición de trabajo en equipo

Se podría definir como la forma de tener influencia sobre las demás personas. Esa influencia puede ser percibida de forma positiva o negativa.

Peter Drucker: Cada equipo tiene sus propias características, estructura y el comportamiento que le exige a sus integrantes; pero además a que tienen sus propias limitaciones, requisitos y su alcance.

Bill Gates: Dice que es importante anteponer las necesidades del equipo a las tuyas, y ser siempre honesto.

John C Maxwell: El trabajo en equipo no se trata únicamente de reunir talento individual, sino de cultivar una conexión emocional que forje una poderosa sinergia entre los miembros.

¿Una apreciación seria vale la pena trabajar en equipo? teniendo en cuenta que las personas somos diferentes por naturaleza, no hay dos personas que estén de acuerdo en todo, pueden pensar y proceder de acuerdo con su religión, política, formación académica, rol de vida, al trabajar en equipo no faltan los conflictos, los jefes, reglas, no falta quien le deja más trabajo a los demás muchas veces se prefiere hacer las cosas y valerse por uno mismo obteniendo también resultados positivos.

Tra pregunta seria puedes alcanzar grandes propósitos tu solo? Donde haya dos personas ejecutando una actividad ya se está trabajando en equipo, que a pesar de ser interdependientes trabajan en conjunto para un propósito en común, haciendo un esfuerzo colaborativo para lograr una meta

En la actualidad el trabajo individual de las personas se ha minimizado, es más importante la forma como se logra integrar las habilidades, capacidades, competencias que se vuelve esencial para lograr las metas en marcadas en una visión corporativa.

Es una tarea del rey león líder en conformar esos equipos exitosos velar por ellos llevarlos a su desarrollo teniendo en cuenta de manera implícita la condición humana desde los diferentes puntos de vista de las personas, con una buena sinergia para compactarlos a todos.

Definitivamente los grandes proyectos y avances de la humanidad no lo podemos hacer solos, tenemos que asociarnos, unir fuerzas, fortalezas, competencias, anhelos, sueños, Los superhéroes es sólo una ficción inmersa en personajes como Superman, enfrascado en nuestra mente de personas Super poderosas que pueden luchar y ganar batallas y guerras No existe tal cual; el hombre ha llegado a desarrollar los grandes progresos de la humanidad por su trabajo en equipo

Michael Jordán logra ser el mejor jugador de baloncesto de todos los tiempos "El talento gana juegos, pero el trabajo en equipo y la inteligencia gana campeonatos, puedo aceptar el fracaso todos fracasan en algo, pero no puedo aceptar no intentarlo."

En el trabajo en equipo idealizar es bueno ya que es el combustible para forjar una visión clara a dónde llegar en conjunto, pero a la vez no es suficiente si no se toma las acciones necesarias, para tener operatividad se necesitan recursos humanos y financieros implícitos en la planeación del proyecto que se quiere lograr. Un importante punto a tener en cuenta en la formación de un equipo es identificar qué puedo alcanzar con ellos, que son capaces de conseguir, como rey León no equivocarme en esa selección ya que puede disolverse esa formación inicial, los seres humanos somos multifacéticos, disyuntivos, por tanto un equipo es interdisciplinario por sus competencias, todos deben de soltarse de sus ataduras externas, identificar sus funciones en el entorno de trabajo, concentrarse en sus tareas encomendada, teniendo en cuenta a la persona con su propia identidad, a pesar de que cada integrante tenga un trasfondo diferente de su cultura, religión, costumbres crianza, pueden venir de cualquier lugar pero tú " rey León¨ debes escoger tu equipo debe ser efectivo en la caza.

Conformación de un trabajo en equipo según Bruce Tuckman.

Conseguir que un grupo de personas coopere no es tarea fácil, que estén preparados para los desconocidos obstáculos posibles y sobre todo mantener el proyecto en marcha no es fácil,

Bruce Tuckman (1938-2016) ha mostrado en un artículo llamado secuencia de desarrollo en grupos pequeños se enfocaba en las relaciones interpersonales de los miembros de un grupo y que impacto tenían estas relaciones en las labores cotidianas nos muestra a través del comportamiento de equipos, que en su conformación todos deben pasara por las siguientes etapas:

1 Formación: ¨en estado luna de miel ¨es cuando los integrantes están conociendo los objetivos y tareas, identificando la oportunidad y los retos que deben asumir, todos los participantes empiezan a conocerse entre sí, sobre todo en exponer sus caprichos individuales, se deben discutir cuestiones que no suele ser cómodas, sobre todo arriesgarse a que exista el conflicto. según Antony Raymond un equipo recién formado pasa por un periodo de ¨LUNA DE MIEL¨ esta etapa se caracteriza por la incertidumbre, ya que los miembros del equipo aún no tienen claro que implicara su asignación, ni qué nivel de rendimiento se espera de ellos. Raymond da unos consejos para atravesar la etapa de formación.

Concejo 1 fomente la comunicación abierta entre los miembros del equipo.

Cuando el personal se reúna por primera vez es importante proporcionar una vía en la que pueda comenzar un dialogo abierto, donde los integrantes del equipo se sientan cómodos para compartir sus pensamientos y opiniones, se pueden establecer reuniones e interacciones, cuanto más interactúen entre sí, más rápido se establece la confianza y se construirá una dinámica de equipo.

Concejo 2 establezca objetivos e hitos del proyecto.

Es fundamental tener una idea clara del objetivo principal de proyecto como de todos los hitos que se deben alcanzar Para lograrlo, usted líder debe tener una visión clara del camino a seguir antes de que se reúna por primera vez con los miembros del equipo esto le facilitara más fácilmente comunicar los objetivos.

Concejo 3 defina funciones y responsabilidades a cada miembro del equipo.

En este punto entra a jugar un trabajo previo del líder que es organizar en forma clara precisa y escrita las funciones de cada puesto de trabajo, la otra acción es empalmar la competencia de las personas con dicha actividad, debe quedar entendible el conjunto de roles y responsabilidades de cada miembro, lo contrario que puede suceder es en que las personas asuman que tales tareas pertenecen a otras y que alguien mas lo hará.

Concejo 4 un gran equipo comienza con su selección

cada seleccionador tiene unos criterios de elección del personal, debe tener un conjunto de juicios que enmarquen dentro de la cultura organizacional, personalidades, carácter, capacidad, adaptabilidad, disponibilidad, conocimiento, academia, experiencia, estudio familiar, antecedentes, récord, habilidades y destrezas todo esto en su conjunto puede variar de acuerdo a las necesidades del proyecto

2 Turbulencia, tormenta: "Se acaba la luna de miel" esta etapa no se puede evitar en ella se emiten opiniones diferentes y empiezan los conflictos más cuando se tratan de definir las funciones de cada quien, inevitablemente surgen divisiones dentro del grupo sobre todo en la incidencia de poder, status, definición de funciones para algunos esta etapa es emocionante para otros puede causar ansiedad y la posible deserción, muchos equipos se quedan en esta etapa, inclusive después de haber avanzado en la escalera regresan aquí es importante crear bases sólidas al respecto .según Anthony Raymond la luna de miel se ha terminado y surgen unos desafíos que pueden dar como resultado un atasco que brotan cuando dos partes tienen un desacuerdo sobre en qué dirección debe moverse el grupo. Cada uno cree que la solución expuesta es la mejor para la solución y puede que no haya una manera fácil de determinar que parte es la correcta. En este momento debe intervenir el líder con una decisión ejecutiva seguramente la elección escogida a menudo es la incorrecta dice Raymond. Aceptar esta responsabilidad es uno de los mayores desafíos de liderazgo. Usted es responsable de las victorias de su equipo, así como de sus errores, debe tomar cada decisión difícil con confianza aun cuando haya pocas razones para confiar en cualquiera de sus opciones

3 Normalización: En este escalón de la escalera resolver conflictos fortalece la cohesión grupal, las personas ya saben tolerar las peculiaridades de los demás cada uno conoce sus responsabilidades, sus tareas asignadas y desarrollan una conciencia en la jerarquía organizada de acuerdo colas competencias de cada uno ya superado estas barreras estamos listos para Pasar al siguiente escalón.en esta etapa la energía la conectividad y las preformas empieza a crecer nuevamente las personas empiezan abrir conversaciones algunas difíciles y se animan también a dar y recibir fedd back ese bienestar que percibe el equipo internamente también se percibe fuera como los stakeholders, los lideres y todas las personas que están involucradas con ese equipo

4 Desempeño: Cada quien desempeña sus tareas de manera interdependiente, el proyecto ya está en marcha, las opiniones diferentes retroalimentan el equipo cuando los roles y acuerdos de convivencia están bien definidos los equipos con frecuencia logran niveles de éxito inmedibles, pero si ocurren cambios internos y externos puede suceder que el equipo tenga que volver a la etapa de turbulencia .en esta etapa ya podemos observar un equipo autónomo, con autogestión, con todos los recursos para resolver y alcanzar sus objetivos, que no requieren de un líder que les esté diciendo como se hace las cosas y que tiene que hacer ya con solo indicárselos van a tener capacidad de hacer la ejecución, encontrar sus propios desafíos y mecanismos para cumplir su finalidad, en esta etapa la energía es elevada, las proformas el desempeño, efectividad y el orgullo de sentido de pertenencia está a su máxima expresión .

5 Disolución: El proyecto a terminado con éxito seguramente, se producen reuniones finales de clausura y felicitaciones, también es importante desarrollar una evaluación de los errores cometidos abierto a discusión para cuando comience el nuevo proyecto.

Como manera de extensión de análisis no podemos expandir esta forma de conformar tus equipos de trabajo en forma lineal, el análisis es un poco más sistémico al entablar a la realidad actual donde se incluyen nuevos intervinientes en nuestro trabajo en equipo.

Análisis del modelo de Tuckman

No se puede mirar el proceso de la conformación de equipos, en esta 5 etapas que suceda en forma lineal, precisamente acá estamos manejando es personas, las personas tenemos conflictos, frustraciones, puntos altos y bajos emocionales por injerencias de nuestra vida diaria, otro dicotomía es cuando los equipos encuentran obstáculos y deban detenerse a discutir su rumbo puede suceder su retorno a la etapa de turbulencia, estos trastornos pueden ocurrir un sin número de veces durante el desarrollo del proyecto.

Muchas veces estas eventualidades en la etapa de turbulencia donde se deba debatir de nuevo y tomar un fresco rol, para pasar otra vez a la etapa 3 de la normalización lo que sucede en esta fracción de tiempo es que vuelve el equipo adaptar lo nuevo para continuar, como prospectiva lo mejor que pueda hacer el líder para que no suceda esta fricción es desarrollar planes de contingencia de manejo e imprevistos para preparar al equipo para cualquier posible tropiezo y no se detenga el proyecto por otro lado pueda suceder que se alargue o extienda en el tiempo.

Enfoque de los nuevos equipos.

Un equipo para triunfar necesita talento, trabajo duro, tecnología, eficacia y eficiencia, una condición especial es el liderazgo, si un equipo tiene un gran liderazgo entonces puede obtener todo lo demás que necesita para alcanzar la meta, debes ser un líder impulsador, transcendental en el mensaje a sus compañeros de trabajo llevándolos más allá de las fronteras habituales, mejorando su rendimiento y levantando sus expectativas al máximo para estos resultados necesitas un trabajo en equipo.

Si las organizaciones actuales entendieran que el trabajo en equipo es una ventaja competitiva, donde el enfoque es desarrollar lideres en cada uno de sus puestos para ser más eficientes, Peter Drucker resalta en la sociedad del conocimiento la importancia que debe tener el ser humano en la organización no debe ser valorado como un pasivo sino como un activo. Tener un buen equipo implica tener buenos resultados Steve Jobs a menudo lo elogian por su mente innovadora pero detrás de cámaras Jobs tenía un equipo de diseñadores, programadores e ingenieros, creativos de marketing, muchas veces eso ocasiona celos, los elogios se los lleva el líder, el director de diseño de iPhone mostro alguna vez ese grado de incomodidad, pero a su vez dijo lo siguiente:

Si Steve no estuviese aquí con nosotros las ideas que surgen de mí y de mi equipo habrían sido completamente irrelevantes, él es quien nos impulsa y supera toda la resistencia para convertir nuestras ideas en productos

Según Peter Drucker no es suficiente en la organización actual solamente centrarse en las áreas funcionales sino en las personas basadas en el conocimiento como es la educación, investigación, desarrollo y la innovación.

En la creación de equipos El rey León en la empresa es preciso que tome en la mezcla de componentes donde predomine el ser humano en su construcción y volverlos exitosos sostenibles en el tiempo no vale la pena fundar equipos que se disuelva tan pronto o deban regresar al escalón anterior con facilidad según aprendimos de Bruce Tuckman .se debe tener una planeación, organización, dirección, recursos adecuados dirigido por un verdadero liderazgo con misión y visión claras donde llegar.

Los equipos de trabajo estamos formados por personas y las personas somos seres gregarios es decir nacemos y vivimos como miembros de una comunidad que a la vez se integra en una sociedad. los seres humanos individuales sólo seríamos aislados, incapaces, indefensos, más bien las personas el pensar y actuar en equipos que trabajen juntos uniendo esfuerzos con objetivos en común por una meta clara para llegar a lo máximo la visión

Una felonía más grande en que se puede caer es una organización de personas es pretender formar un equipo de trabajo o transformar un grupo en equipo a través de un decreto no hay tal cual apreciación muchas veces los líderes de trabajo en equipo pretenden lograr en las personas resultados cohesionados esta fórmula no ha tenido los mejores resultados, pero se han desarrollado muchos avances para desarrollar equipos entre ellos está una fuente, la motivación es de las mejores y que nos gusta a todos los seres humanos es el reconocimiento.

Incentivos al personal de tu equipo

Mary Kay: para ser un buen líder hay que entender el valor de elogiar la gente en su camino al éxito.

La gente se resistirá si no se establece un sistema de recompensa activa, la recompensa motiva a la gente, si no hay motivación la gente se detendrá de apoyarlo a largo plazo, su sistema necesita adaptarlo de la tal manera que sea capaz de aplicar los cambios sin resistencia, las recompensas intrínsecas muchas veces son más valiosas que las mismas monetarias, las recompensas mentales y espirituales cobran más valor en la actualidad. El reconocimiento debe ser un sistema de gestión de equipo desarrollado en la empresa para motivación de la gente, se convierte a la vez el método de gestión menos entendido en las empresas por defectos es una herramienta que se usa para motivar personas y no sabemos implementarlo muchas veces; hay que entender que puede tener efectos negativos cuando trabajamos en temas de evaluar y creatividad. Porque algunas de estos frena la inventiva según estudios donde se han puesto tareas que necesitan una básica creatividad y han puesto incentivos el resultado es que entre más incentivos más tiempo necesitaba para resolver el problema, hay que evaluar donde puede aplicar realmente puede ser donde se den tareas repetitivas como fábricas, en temas comerciales de ventas, o tareas mecánicas. Los líderes de hoy no pueden recurrir a las viejas técnicas zanahorias y palos deben trabajar en buscar a menudo técnicas qué desarrollen automotivación con elementos claves del desarrollo de las personas en la productividad.

Por ejemplo, el salario emocional valores adicionales que se suman a la integridad del ser humano en una sociedad, como beneficios no económicos que permiten satisfacciones personales, calidad de vida y bienestar social, conciliación familiar, bienestar físico, actividades deportivas, esparcimiento, integraciones, flexibilidad en los horarios de trabajo, facilidades en la hora de comer.

Rey león debemos de buscar la forma de convencer a las personas dentro de la organización ha que realicen sus tareas de mejor forma, para esto debemos también definir consecuencias para las dos partes, que estas sean asumidas empezando por la dirección de la empresa, también los trabajadores tienen una consecuencias al no cumplirlas todo esto debe estar enmarcado dentro de la legislación de cada país, en temas de desarrollo laboral y códigos reguladores del trabajo, la parte legal es diferente no podríamos hablar de castigos a imponer, seguro el castigo más relevante es que esta personas no estén involucradas en los siguientes proyectos, a nadie nos gusta que nos releguen y no seamos tenidos en cuenta todo debe ir relacionado con el reglamento interno y legislación local me refiero a si colocan incentivos laborales y no se cumplen tiene una consecuencias igual si no sucede, el objetivo es inducir un determinado comportamiento se supone que al sujeto actuara como objeto relacional evaluando los costos y beneficios por tanto el objetivo considerara optimo desarrollar la conducta que busca el diseñador del incentivo, en el programa de gestión se pueden elaborar incentivos de reconocimientos económicos y no económicos. Un programa de incentivos puede ayudar, pero antes se debe determinar en la etapa de empatía las dolencias del personal como ayudarlos alcanzar sus metas, escucharlos en vez de desarrollar encuesta frías, unos objetivos puede ser disminución de la rotación de personal, premiar el mayor esfuerzo, aumentar productividad, aumentar nivel de compromiso, mejorar el clima laboral e incrementar el salario emocional estos objetivos deben ser alcanzables y estipulados en el tiempo de implementación. Debes elaborar un presupuesto para desarrollar estos incentivos puedes desarrollar una plantilla o matriz sencilla, o tabla dinámica de sus variables tenga en cuenta ingresos y los gastos de cada ítems, lo importante es que sepas la inversión, costos, ahorro en el tiempo y retorno de la inversión.

Incentivos económicos

Los incentivos económicos son aquellos que conllevan una contribución económica o monetaria pueden aplicarse en los diferentes ítems del salario como horas extras, comisiones, bonos, son los incentivos más clásicamente utilizados, la racionalidad y puesta en marcha muchas veces también depende del tamaño de la empresa clasificación de incentivos económicos:

1. **Incentivos naturales:** se basan la propia naturaleza humana los seres humanos somos seres inquietos por lo que se nos puede motivar o mover hacer ciertas cosas para cubrir nuestras necesidades básicas.

2. **Incentivos financieros:** las personas esperan retribuciones o ingresos económicos como salarios, comisiones por su laboriosidad.

3. **Incentivos morales:** son aquellos en los cuales las acciones de las personas son consideradas correctas o admirables.

4. **Incentivos coercitivos:** buscan enfatizar las consecuencias negativas o castigos y no logran motivar a las personas internamente ya que se hacen las actividades con temor.

Incentivos no económicos

Los incentivos no económicos son utilizados cada vez más por las empresas para motivar los equipos de trabajo ya que ofrecen un atractivo extra a las condiciones laborales, en algunas casos son intangibles pero generan confianza en las personas.

1 **Flexibilidad de horarios:** se puede establecer dentro del proyecto que si se van desarrollando las actividades en sus tiempos se podría tener consideraciones especiales en cuanto al tiempo, se puede manejar una flexibilidad en su análisis determinando que tipos de puestos se les puede otorgar estos premios, si son puestos fundamentales antes de considerar revisa que puede ser cubierto por otra persona que este en la misma capacidad o superior de la persona que obtiene el beneficio, vamos a poner un ejemplo un operador de maquinaria pesada es un puesto importante, o un jefe responsable de distribución de herramientas. Hay puestos que de manera natural es difícil que reciban estos beneficios para evitarte un inconveniente puedes hacer un manejo especial de tiempo por tiempo eso quiere decir que por tiempo acumulado puedes dar un día libre obviamente pagando su sueldo para que abarque a todas las personas del equipo por igual.

2 **Reconocer los logros:** cuando las personas logran una meta del tamaño que sea es importante el reconocimiento(Dopamina) lo significativo es que haya una autoridad por así decirlo en la misma área funcional o departamento que haga el reconocimiento público, sobre el logro que esta persona consiguió es importante porque aumenta el sentido de pertenencia en la organización, lo típico es que recursos humanos haga estos reconocimientos, es bueno diseñar

esquemas de reconocimiento puede ser como un formato especial, un diploma, una placa, o simplemente un formato con letras y colores especiales de la imagen corporativa, o alusivo a algo emocional para las personas que a su vez lo puedan pegar al frente de su escritorio o área de trabajo en un lugar visible para ellos, la asimilación y valoración es diferente si viene del área de recursos humanos es percibida como externo al área de trabajo, es más importante para las personas cuando se involucran con los que están al lado se hace más importante, los reconocimientos tienen que ver con el sentido de pertenecer, una fuente de motivación alta es que el reconocimiento venga del grupo que pertenecemos para permear más sobre la cultura organizacional, cuando logramos todas esas sumas de sentimientos somos más plenos, nos sentimos auto realizados y Lléganos seguramente al punto más alto de la pirámide de Maslow la autorrealización, Si logras afianzar este esquema puede ser una gran opción para obtener mejores resultados en tu equipo.

3. **Generar un buen ambiente de trabajo:** cuando se hace una evaluación del clima laboral podemos detectar que es lo que debemos mejorar, el boca a boca es la mejor manera de percibir lo que las personas requieren en ese momento, no hay más nada placentero que trabajar en un lugar donde trabajes a gusto, este incluye muchas cosas, un sitio digno,

iluminado, fresco, armonía de colores, comodidad, buen trato, que tenga buen reconocimiento de las personas que están a su alrededor, sentirse valioso para la organización, los responsables de implementación y seguimiento son todos tanto como recursos humanos, mandos intermedios, altas jefaturas y todo el nivel directivo.

4. **Fomentar el sentimiento de pertenencia:** el sentimiento de pertenencia se debe desarrollar en las personas de tal manera que se sientan orgullosos de pertenecer a la organización que esta, este punto se relaciona directamente con el anterior en un ambiente sano las personas quieren estar más tiempo en la empresa, donde puedan expresarse libremente, sentirse que sus contribuciones son valoradas, sentirse cómodos de ser ellos mismos con una comunicación transparente y se aprecien como personas. Algunas empresas desarrollan estrategias para que sus empleados se sientan como en casa y que hagan parte de la misma, parte de sus acciones las distribuyen entre ellos, se ve mucho en empresas grandes o holding que cotizan en bolsa, aunque también algunas pymes, algotras empresas desarrollan objetos que llevan impreso el logo de la empresa, tasas, utensilios, carteras, gorras, camisetas deben ser cosas de muy buena calidad que generen gusto colocárselas o usarlas eso te hace sentir orgullosos de pertenecer a esa organización .

5. **Generar expectativa en el futuro:** es muy bueno que las personas sepan que va a pasar en el futuro con la empresa, para sentirse más seguras e implica directamente con sus planes de familia, es muy bueno contarte que sucede y acontece este año, el otro y el otro a todas las personas sobre todos en planes de crecimiento e inversión, igual lo que se planea mejorar para ellos, vender la idea a donde queremos llegar por que los necesitamos a ellos y que sin ellos no lo podemos lograr, que estamos haciendo para ayudarlos a llegar con nosotros a esa prospección obrando siempre con honestidad y transparencia para que las personas en general valoren nuestras acciones, esta expectativa es importante tanto niveles medios, gerenciales, operadores y comunidad en general en el sentido de percibir que desarrollo pueda tener yo(desarrollo personal) en la empresa, que más logros puedo obtener, como puedo avanzar individualmente, si él trabajó es seguro va asociado con mi desarrollo.

6. **Elección de días libres y vacaciones:** las personas necesitan salir desconectarse tomar aire, descansar precisamente para cuando regresen puedan ver las cosas de diferente manera, es importante este esquema de que las personas puedan escoger esos días libres, lo que es vacaciones las tomen en los tiempos que dicta la norma laboral. No es recomendable tener tanto tiempo las personas sin descanso se sofocan y surgen otras implicaciones, desde el momento en que

contratas las personas deben saber cuándo son sus vacaciones y las deben tomar hay que auspiciar a las personas a que descansen.

Desde otra perspectiva cuando se desarrollen planes de gestión referentes a reconocimientos e incentivos económicos y no económicos tenga en cuenta en la esquematización los logros personales, departamentales y empresariales. Debemos establecer las actividades que abarquen los tres incentivos miraremos el¿ por qué? si tenemos en cuenta solo criterios personales conseguiremos personas altamente competitivas pero que seguramente hay una mala comunicación entre ellas, estas personas no se hablan entre sí, se limitan en la competencia y egoísmo, se deben establecer también objetivos departamentales o funcionales para que una persona ayude a la otra y así se conforman equipos, pero que sucede si no hay comunicación entre departamentos, debo establecer lazos o criterios organizacionales integrándolos como un todo y así poder tener un equipo de alto rendimiento.

Cultura organizacional

Es el conjunto de normas, costumbres, creencias y valores que una organización establece para tener una identidad propia e influir positivamente es sus integrantes

Organización Chick fil A

Chick fil A es una cadena de comidas rápidas de estados unidos con expansionen en varios países del mundo, con más de 2400 restaurantes y más 10.000 millones de dólares en ventas al año, es

la cadena N 1 de ventas de pollo en estados unidos de América y están cerrados los domingos, el domingo es el segundo día de la semana con más movimientos en los restaurantes de comidas rápidas, los analistas dicen que si se abriera los domingos se pudiera incrementar las ventas en un 20%, su fundador el señor Truett Cathy explico la razón del por qué no; una pregunta al respecto de su legado cuál es su secreto…. Como quieres ser recordado cuando no estes con nosotros…… al cual respondió quiero ser recordado como alguien que mantuvo las prioridades, esas prioridades son el secreto del éxito del Chick fil A, Ellas son primero honrar a DIOS que a través de una relación con Jesús nos enseña como amar a Dios y las personas, segunda prioridad la familia y la numero tres es su trabajo. La respuesta al porque no se abren el domingo es **prioridades,** *nuestro negocio está enmarcado en principios de la biblia, las fuertes creencias cristianas de Cathy han tenido una influencia significativa en la cultura y valores de la empresa, su compromiso con unas buenas prácticas comerciales éticas y su deseo de servir a la comunidad han dado forma a la identidad corporativa, la regla de oro trata a las demás personas como quieres que te traten a ti, parte de nuestro modelo de negocio es el liderazgo de servicio. Los valores fundamentales de chick fil A se podría destacar que el control de arriba hacia abajo, cambia por la atención profunda de sus empleados, con una cultura del cuidado y los valores sólidos, como atender las necesidades físicas y emocionales de las personas, y a menudo sus necesidades* *espirituales, en cuanto a los empleados tiene programas de becas de estudios si trabajan con nosotros durante dos años, el trabajo promedio por persona es de 20 horas semanales, hay campamentos para niños, niñas y otros programas de becas. Hay una moral en la brújula corporativa para agradecer a Dios, significa devolver una parte de las bendiciones de Dios nos ha dado a los demás y ayudar a las personas con las que entramos en contacto. somos una cultura inclusiva que aprovecha al máximo las fortalezas de nuestro talento diverso para innovar y maximizar nuestra atención a los operadores, los miembros de su equipo y los clientes estamos impulsados por un propósito.*

Algunas organizaciones pretenden descargar la responsabilidad de la cultura organizacional al área de recursos humanos esta área hace parte en referente al personal, administra, controla, con funciones como pagar a tiempo la nómina, elaborar contratos, resolución de conflictos, elaboración de fichas técnicas de clima organizacional entre otras actividades sistemáticas ; la cultura organizacional es más profunda es el carácter de las personas, estos caracteres sumados forman el clima organizacional que son los estados de ánimo, estos estados de ánimo a su vez tienen impactos importantes en el resultado y desempeño individual. La cultura organizacional es un factor que influye en las prácticas y actitudes administrativas, no administrativas de los miembros de la organización, el rey león como nuevo líder, lidera personas y administra recursos, la cultura laboral tiene que ver en la actualidad con el equilibrio entre la vida personal y laboral, el desarrollo de cada una de ellas, la sostenibilidad, innovación y el propósito.

La gran mayoría de los autores asumen que el reconocimiento de los valores, rituales de integración, identidad de la organización, normas entre otros aspectos son fundamentales para el estudio de la cultura de una organización, en ese estudio se puede decir que la organización está formada por 3 dimensiones la estructura organizacional, los sistemas de coordinación con control y la cultura organizacional las tres dimensiones son de suma importancia para la operatividad de una empresa.

Características principales de la cultura organizacional

Valores y principios.

Apple: la tecnología es más poderosa cuando todos pueden dejar su huella. Nuestro objetivo es dejar el planeta mejor de como lo encontramos. Diseñamos productos Apple para proteger su privacidad y brindarle control sobre su información. Creemos en un lugar de trabajo seguro, respetuoso y solidarios para todos.

Los principios y valores corporativos se refieren a las creencias y convicciones que influyen decisivamente en el comportamiento de los miembros de una organización. Estos principios orientan y determinan como los miembros o integrantes de un equipo o organización perciben e interpretan los problemas para tomar decisiones acertadas.

Los principios corporativos siendo ese conjunto de creencias y valores funcionan como guías que inspiran la vida de una organización, dentro de una lista adaptativa de principios de una organización podríamos enumerar muchos a la vista de nuestros misionarios, pero estamos hablando de honestidad, no es suficiente anotarlos en las carteleras informativas, hay que poner acción y de verdad practicarlas, no se trata de cumplir con una normatividad corporativa si no vivirlas con su personal, ser referentes en su rol empresarial con estos cuatro protagonistas: personas, familia, empresa y comunidad. Algunos principios corporativos pueden ser: respeto por las personas, valores éticos, responsabilidad social (agua, medio ambiente, desechos), calidad de los productos, rentabilidad, productividad, recursos humanizados. Los valores corporativos son aspectos que hacen a tu equipo, o empresa diferente del resto, no es la marca, el logo, son aspectos más profundos que generan una personalidad que hacen generar una ventaja competitiva frente a las demás.

Clima laboral

También conocido como clima organizacional se puede definir como el conjunto de actividades, rutinas y condiciones que se dan dentro de una empresa y está directamente ligadas con la satisfacción de los trabajadores en su entorno de trabajo, el clima organizacional se puede identificar claramente con la observación y percepción de los individuos respecto a la calidad y características de la cultura organizacional, es decir la cultura representa la verdadera imagen de la empresa, mientras que el clima refleja las percepciones de los individuos sobre la misma, un buen clima laboral favorable se caracteriza por un entorno productivo que facilita el desempeño de los colaboradores o misionarios propiciando siempre su bienestar.

Tradiciones

Conservar y promover tradiciones y rituales ayuda a mejorar el compromiso, retener el desempeño laboral y mejora el talento en las personas. Se trata de un conjunto de valores, creencias, normas, tradiciones, comportamientos y practicas compartidas por los miembros de una organización. Estas tradiciones se dan de acuerdo país podrían ser de origen religioso, histórico y cultural. Las tradiciones nos ayudan en los equipos de trabajo a conectarnos entre si, nos sirven para trasmitir sentimientos, valores sociales y una memoria colectiva

Ética empresarial

La regla de los 10 pies es uno de los secretos de Walmart para el servicio al cliente, Sam Walton su fundador alentó a los asociados a asumir este compromiso ¨prometo y declaro solemnemente que a cada cliente que se acerque a menos de 10 pies de mí, le sonreiré, lo mirare a los ojos, lo saludare, y le preguntare si puedo ayudarle¨

La ética empresarial es el grupo de valores y normas que surgen de la cultura de la empresa y su objetivo es mejorar aspectos como el entorno y el clima laboral, promueve la igualdad y el respeto, la ética también es el código(valores, misión, visión, reglas, conductas prohibidas, conflicto de intereses,) que guía a las personas en el comportamiento individual con respecto a lo que está bien y lo que está mal, en relación no solo con la toma de decisiones si no también con la conducta y cotidianidad como la que inspira Sam Walton a su equipo de trabajo. Si un equipo de trabajo actúa en forma ética se incrementará la motivación y la satisfacción de cada uno de sus integrantes, se generará una cohesión grupal y se mejorará la imagen empresarial todo esto aumenta las probabilidades de éxito, en el trabajo en equipo la ética nos ayuda a participar activamente en la prosecución de una meta común subordinando los intereses personales a los objetivos del equipo

Capitulo 5: El rey león evalúa su equipo hoy.

"CARA CORTADA" es fuerte, valeroso, se protege del ataque de las hienas, cuida el gran circulo de la vida

En el trabajo en equipo el rey león en la empresa puede desarrollar un plan estratégico para avanzar con una evaluación de parámetros de medición de acuerdo con unas competencias internas y externas que podrán desarrollar ventajas competitivas creciendo todos en el propósito.

Análisis FADO

nos apoyaremos en la herramienta análisis F A D O (fortalezas, amenazas, debilidades, oportunidades) qué es una técnica dentro de la planeación estratégica que puede ayudar al rey león a mirar cómo está su equipo hoy, para proyectarse al futuro.

Definición de FADO

F A D O Es una evaluación comparativa de progreso del equipo, se podría revisar constantemente las fortalezas y debilidades como variables internas, en la parte externa amenazas y oportunidades. El investigador y consultor administrativo Albert Humphrey invento el análisis D.O.F.A en la década de 1960 en el instituto de investigación de Stanford, con en el tiempo los diferentes estudiosos del tema han ampliado sus conceptos e insertado dentro de las variables nuevos contextos por los cambios surgidos en la empresa actual, para esta apreciación no importa la conjugación de esas variables siempre y cuando se sepa identificar cuáles son de

contorno dentro(interno) y contorno fuera del equipo (externo).
asimilando dar los mismos resultados, utilizaremos unos sinónimos
que sus nombres nos conectan con otras realidades actuales en
conceptos, lo que ejerce acción dentro del equipo, lo interno:
fortaleza=resistencia, debilidad=fragilidad, lo que ejerce acción
fuera del equipo, externo: amenaza= advertencia, oportunidad =
conveniencia, aprovechando la lógica del principio matemático ¨ ley
conmutativa, el orden de los factores no altera el producto,
procedemos hacer su análisis:

Contorno interno

Fortalezas=resistencia: Son situaciones que se presentan al
interior del equipo u organización, y lo que esta adentro es
controlable directamente por el rey león del equipo, debes revisar
cuales son las resistencias de su equipo versus los demás equipo o
proyectos que conforman la empresa. mencionaremos algunos ítem
que te sirven en esta etapa de identificación o análisis para elaborar
en el siguiente paso la lista para la matriz los tengas en cuenta :
liderazgo situacional, puntualidad, altos índices de cumplimiento,
navegar el conflicto, roles de alto desempeño, auto organización,
responsabilidad compartida, comunicación asertiva, inteligencia
emocional, confianza en todo el equipo, Tecnología, capacidad de
producción, capacidad de adaptación, compromiso, ambición,
economía de escala (entre más se produzca un bien o producto más
bajo debe ser el costo, esto hace tener menos costos unitarios frente
a sus competidores)altos márgenes de rentabilidad, inversión en

marketing, innovar y desarrollar productos nuevos, maquinaria, herramientas, recursos financieros, cultura organizacional, clima laboral, empoderamiento, salario emocional, trabajo en equipo.

Debilidad =fragilidad: Esta variable también está dentro del equipo o empresa y lo que esta adentro lo controla directamente el rey león, debes identificar que fallas o fragilidades tiene su equipo hoy, la debilidad son un conjunto de factores internos por las que un equipo u organización se ubica en posición de inferioridad o desventaja antes sus competidores más cercanos; voy a listar algunos ítems que te sirvan en esta etapa de análisis para cuando elabores la lista para la matriz comparativa, los resultados de esas asociaciones te ayuden a desarrollar el plan estratégico. Algunos ítems son falta de liderazgo, jefes beligerantes, falta de liquidez, multitasking(se refiere a la capacidad de realizar varias tareas a la vez),le cuesta trabajar en equipo, trabajo individual, alta dependencia del líder, los procesos son ignorados, desconocimiento de roles, pocas habilidades para resolver problemas, carece la proactividad, actitud negativa, pesimista, poca empatía, no hay comunicación fluida, índices de cumplimiento de tareas bajo, intolerancia, desgano, capacidad de cambiar rápidamente, bifurcación, procrastinación, investigación y desarrollo débil, falta de innovación, tecnología obsoleta, personas desmotivadas (recuerde que uno trasmite a los demás, la energía de lo negativo crece más rápidamente). Hay equipos que tienen lideres incompetentes lo cual también es una debilidad o fragilidad en el equipo. El Dr. Robert Sutton profesor de ciencias administrativas en la escuela de ingeniería de la universidad de Stanford ha pasado gran parte de su vida estudiando a los jefes beligerantes, en el 2007 escribió su libro llamado "La regla de los no idiotas"

Anthony Raymond en su libro buen jefe y un líder enumera la siguiente anécdota de la compañía Space X, tenemos una estricta política de no idiotas, Despedimos a la gente si son unos imbéciles, le damos una pequeña advertencia primero, pero si siguen siendo unos idiotas, entonces están despedidos.

Identificación de jefes o lideres idiotas

Según el DR Robert SUTTON identifica varias características reveladoras de los jefes o lideres idiotas, siempre que se ponen personas en puestos de poder, Desafortunadamente estas cosas ocurren, las personas se enfocan más en satisfacer sus propias necesidades y no las de quienes los rodean

- Insultan a los empleados.
- Mirarlos furiosos.
- Tratarlos como si fueran invisibles.
- Gritar en insultarlos.
- Violan el espacio personal de los demás, como meterse en la vida de ellos.
- Son sarcásticos por naturaleza.
- Son buenos para amenazar a los empleados
- Usan tácticas de humillación y vergüenza

- Interrumpen cuando, los empleados opinan.

- Traicionan las confiablidades del equipo, para avanzar en sus metas profesionales.

Si deseas informarte más sobre el tema, consulta en internet las pruebas ARSE y puede realizar pruebas en línea gratuitamente si lo deseas, la prueba no pretende ser una herramienta académica más bien es para ayudar a controlar el comportamiento de las personas, si respondes positivamente a cualquiera de las preguntas del temario puedes estar alineado o en curso para graduarte como idiota.

Contorno externo

Amenazas=advertencia: Las amenazas se encuentran fuera del equipo o empresa, no es controlable por el líder, lo que hace es adaptarse, asumir una posición de blindaje o simplemente puede desaparecer. Alguno de los siguientes ítems te van a servir para identificar las amenazas prioritarias en tu lista de la matriz, En el entorno pueden incidir factores como: áreas divididas, políticas generales de la empresa, sociales, solo decide el líder, los miembros del equipo no se conocen, culturales, demográficos, factores ecológicos, cambios estructurales de la organización en general, recesión, variaciones en el mercado, cambios gubernamentales a nivel macroeconómico, inflación, desempleo, informalidad, no tener certificaciones o licencias de comercializar en algunos países, o sus mismos estados, leyes laborales algunos países defienden la empresa sobre todo en los más desarrollados por ejemplo al despedir un empleado es más fácil que consiga otro empleo rápidamente ;

pero en los países con menos desarrollo las tasas de desempleo son más altas, se protege más el trabajador lo que hace las leyes más rigurosas por ejemplo el despido de un trabajador el pago de indemnización esta dicotomía afecta directamente al equipo, proyecto o empresa en general. Si hablamos de empresas de ventas de productos una advertencia es vender productos no esenciales competir es más difícil y más si hay productos sustitutos en el mercado actual por la misma globalización lo que hacen que roten a muy bajos precios, debemos enfrentar esta amenaza con sacar de nuestro blog productos que no tienen alta rentabilidad, que ya cumplieron un ciclo o que simplemente aportan un punto de equilibrio financiero sin desconocer que algunos de ellos nos dan reconocimiento en el mercado lo que ya no seria amenaza si no oportunidad.

Oportunidad=conveniencia: Las oportunidades son las que se encuentran fuera o alrededor del equipo o empresa, estas circunstancias y factores externos las podemos aprovechar para nuestro beneficio, se debe mirar cuales son las más convenientes, algunos de los siguientes factores te pueden ayudar a elaborar la lista de lo más relevante para la matriz: factores tecnológicos, mejora de procesos, políticas favorables tanto del corporativo, como gubernamental, nuevas tendencias de mercado, entrenamientos, retroalimentaciones, reconocimientos, profesionalización, oportunidades de medio ambiente, oportunidades sociales, oportunidades comerciales, aumento de salarios, compensación de días libres, integración con la familia, buena comunicación, valoración del misionario como ser humano.

Matriz FADO

Variables internas	Fortaleza = Resistencia Debilidad = Fragilidad
Variables externas	Amenazas = Advertencia Oportunidad = Conveniencia

Fortalezas y debilidades son las variables internas de su equipo de trabajo nos sirve para tomar una fotografía de cómo está su personal hoy, las variables externas amenazas y oportunidades nos sirve para mapear cambios en el futuro. La matriz FADO es la manera grafica de conglomerar las variables junto con los ítems a evaluar recuerde que esto es un proceso, se hace en el tiempo y tu rey león decides los tiempos desde el punto adaptativo de su equipo o empresa, hay empresas como las de tecnología son mucho más cambiantes los factores a evaluar que una empresa de construcción, un restaurante, ventas o servicios

En el análisis F A D O nos permite un análisis estratégico de nuestro equipo de trabajo, lo más recomendable es primero evaluar las variables internas fortalezas =resistencia y debilidades=fragilidad para que usted líder sepa en qué plano está su equipo hoy; luego mire que amenazas=advertencia y oportunidades=conveniencia hay afuera de su equipo de esta manera comparativa puede tomar decisiones.

El análisis F A D O nos ayuda en la perspectiva de trabajo en equipo a unirse unos con otros para labrar por un objetivo o fin común, resetear hoy y comparar en el tiempo su desarrollo compacto colocando unas fases para su medición cada 2, 3, 6 meses de acuerdo a las necesidades de cada equipo en el periodo de duración del proyecto .

Metodología para armar la matriz fado

vamos a revisar la parte metodológica como puede ayudar hacer de una manera sencilla es importante que en el planeamiento de la matriz se reúna el nivel directivo del equipo, jefes de cada sección porque es sus manos debe estar parte del progreso, se deben tener claro los objetivos que se quiere lograr con esta evaluación, teniendo claro que es FADO(fortalezas, debilidades, amenazas, oportunidades) hago un listado de las prioritarias, luego, elaboras una tabla cuantitativa donde se enumeren dando unos porcentajes por orden de importancia que sumen el 100%,(f1),(F2)y así sucesivamente con las otras 3 Las variables, ya elaborada la matriz(fotografía) con sus porcentajes por ítems, ahora vamos actuar, se cruzan las variables internas con la externas, se organiza 4 cuadrantes de un lado las Internas y del otro las Externas (numeradas) ejemplo se cruza las fortalezas (f1) interna con oportunidades(O1)externa, la primera estrategia es ofensiva analizar como la (f1) me concede aprovechar al máximo la (O1), este resultado es positivo, formula una pregunta aquí como esta fortaleza la puedes a provechar al máximo, ya que identificaste que es una oportunidad, con la más alta en ponderación, rey león toma decisiones….. la segunda son estrategias de reorientación cuando somos conscientes de nuestras debilidades para tomar ventaja referente a ellas, las terceras son defensivas cuando aprovechamos nuestras fortalezas(f1) para hacer frente a las amenazas (A1), la pregunta seria como aprovechamos las fortalezas para mitigar la amenaza y las cuartas son de supervivencia que son las debilidades(D1) cruzadas con amenazas (A1), la pregunta seria como podemos corregir las debilidades para evitar las amenazas. Ya elaborada esta parte de mezclas y cruces tenemos una matriz de FADO cruzado, ahora es consecuente analizar los recursos, planes de acción e implementación a corto plazo, si no se puede todas se escogen las prioritarias, con una matriz de decisión para este periodo de tiempo que establezca la dirección de la evaluación.

Capítulo 6: El rey león amplia su conocimiento

Todo el mundo tiene algo que aportar es la gran lección que el rey león Mufasa enseña a su hijo simba sobre los roles de la vida.

Formula Conocimiento $C \pm 1 = C^n$

Esta fórmula procedimental, sencilla, entendible, adaptable a cualquier necesidad sirva como apoyo de investigación para generar datos con impacto constructivo tanto del nivel individual, grupal, trabajo en equipo, se puede usar de forma cooperativa en la medición de variables sociodemográficas, étnicas, poblacionales, culturales, académicas, gubernamental y en general como aporte científico donde la suma del conocimiento individual o grupal de como resultado un conocimiento exponencial, estas variables alfa numéricas buscan respuestas cualitativas, con la intención de sensibilizar, socializar, valorar, incrementar la motivación para que sigamos creciendo positivamente como sociedad.

Es importante crear un concepto del conocimiento para tener un marco general y poder enmarcar el mensaje que lleva esta fórmula a la sociedad del conocimiento con sus bases fundamentales la educación, investigación, desarrollo e innovación.

Definición de conocimiento.

El conocimiento es el acto consciente e intencional para aprender (estudio o experiencia) las cualidades del objeto, en primera instancia referirlo al sujeto.

119

Pueden intervenir cuatro elementos en el conocimiento: objeto, sujeto, operaciones cognitivas y pensamiento. El ser humano empieza a ser sujeto activo en la sociedad cuando ha desarrollado parte del conocimiento cognitivo. Revisaremos la fórmula propuesta conocimiento $C \pm 1 = C^n$

Es bueno conocer los tipos de conocimiento para darle más consistencia a la primera variable de la formula la **C**.

Tipos de conocimiento.

1. Conocimiento empírico: El conocimiento empírico está basado en las experiencias, es la percepción que tenemos del mundo, se da por la interrelación con las demás personas, el ambiente, la naturaleza, todo lo existencial, y la sociedad en general.

2. Conocimiento científico: Está formado por leyes, teorías fórmulas y principios avalados por pruebas y experimentos realizados bajo norma rigurosas y verificables se relacionan directamente con ciencia y tecnología. Se puede ver desde cuatro posibilidades: el científico, acientífico, precientífico y meta científico

3. Conocimiento intuitivo: conocimiento o pensamiento intuitivo son las formas de conocimiento inmediato que no provienen de procesos racionales y conscientes, es decir que se obtienen sin análisis y razonamientos previos Puede ser información adquirida de modo subconsciente sin darnos cuenta o hasta información cognitiva, la intuición nos permite percibir información de manera instantánea debido a la relación con la información.

4. Conocimiento filosófico: son las desarrolladas por las diferentes escuelas filosóficas ejemplo el platonismo existencialismo, el idealismo y otros se hace más énfasis en nuestros papeles frente a la humanidad. Se puede decir que nace de observar, leer, estudiar, investigar y analizar fenómenos de nuestro entorno y de otros tipos de conocimiento, el saber filosófico es también reflexivo, racional, y critico a la vez que universal.

5. Conocimiento matemático: Hay estudios que registran el interés del ser humano por la matemáticas desde más de 20.000 años, como le encontrado en el hueso de ishango objeto arqueológico(registro más antiguo de números primos) se podrán definir también como el conjunto de conocimientos y habilidades de las personas para comprender los números, las cantidades y relaciones entre ellos, también es importante para este dominio la comprensión básica de formas, la posición de ellos en el espacio los patrones y medidas.

6. Conocimiento lógico: Es básicamente la combinación del saber empírico con el método de deducción y pensamiento racional. El conocimiento lógico es usado todos los días por los seres humanos y le permite sacar conclusiones inherentes consecutivas de unos hechos por ejemplo está nublado-va a llover la lógica le permite al cerebro humano correlacionar y concluir.

7. Conocimiento Procedimental: Se refiere al aprendizaje de nuevas técnicas y procesos deshacer una práctica y recibir acciones cómo aprender a manejar un vehículo o una bicicleta o un nuevo

programa de información. Lo procedimental se adquiere gradualmente a través de la práctica y está relacionada con el aprendizaje de las destrezas.

8. Conocimiento religioso: Parte del principio que hay un ser superior que creó todo y con lleva a un sistema de creencias de acuerdo con las religiones concebida por las comunidades humanas como cristianismo, islamismo, hinduismo, budismo etc. etc., juega un papel importante la fe que es creer sin necesidad de pruebas, como los textos sagrados la Biblia, la vida de Jesús.

9. Conocimiento emocional: Se relaciona con las emociones personales y la interrelación con otros individuos, el control de esas emociones varía en los diferentes individuos de acuerdo con las culturas y sociedades por ejemplo en la relación con los demás aprendemos de ellos cuando están tristes, alegres o enfadados, podemos discernir entre los diferentes sentimientos y etiquetarlos.

10. Conocimiento directo: Se obtiene por la experiencia propia tiene que ver con el conocimiento empírico y el científico se puede dar que mediante la observación podemos aprender, y también a través de exploraciones ensayos y lo experimental.

11. Conocimiento indirecto: Es el que se adquiere a través de otras personas del sistema de enseñanza, de libros, publicaciones, medios audio audiovisuales como digitales, el rey León en la empresa debe atender prioritariamente este tipo de conocimiento para aumentar el saber y compartir a diario con su equipo

12 Conocimiento subjetivo: se da a través de experiencias propias y personales al ser estas experiencias privadas no todas las personas pueden acceder a ellos los subjetivo es la percepción que tiene un individuo sobre lo que conoce de algo es un reflejo de lo que creemos que sabemos. Desde el punto de vista comercial se emplea en algunas por algunas marcas para determinar el grado de aceptación de un producto o servicio.

13 Conocimiento público o social: Es aquel conocimiento que podemos encontrar en la cultura popular, opinión pública, redes sociales está a la vista de todos o que toda persona puede percibir a través de los sentidos. El conocimiento público se trata de información directa el cual podemos encontrar en libros, películas, formaciones, seminarios, talleres entrenamientos es decir diversas fuentes de información.

El conocimiento social nos ayuda a entender y saber actuar dentro de una sociedad nos permite intervenir a muchos niveles, por ejemplo, el folclor puede ser un aprendizaje para una comunidad en la parte social como rasgos culturales como podría ser la música vallenata en el folclor de Colombia.

14 conocimiento doctrinal: Esto conocimiento nos permite ser cuestionados, se podría hablar del conocimiento teológico o doctrinal es infalible y exacto pues se trata de una verdad sobrenatural, ejemplo la creencia en la existencia de Dios y en la divinidad de Jesucristo otro ejemplo los manuales ideológicos

partidistas, los textos de carácter legal donde se determina el cumplimiento de la ley al pie de la letra.

Definición de las variables de formula $C \pm 1 = C^n$:

Definición de la Variable C De la formula

En esta variable nos permite entender el concepto general del conocimiento, utilizando un método procedimental deductivo que va desde el razonamiento más general y lógico, basado en leyes o principios para llegar hasta un hecho concreto. Ya el ser humano teniendo lo concreto, que es como lo básico, percibido y aprendido en esa primera etapa de formación y educación me atrevería a llamar este trayecto como lo lineal que recibe una persona, hasta ahí estamos básicamente equilibrados hablando de una condiciones normales, hasta ahí es conformismo, hasta hay somos parte de una sociedad estática, lo bueno de la actualidad es que las mismas fluctuaciones cambiantes del contorno nos obligan a ampliar ese conocimiento para ser más competitivos.

Definición de la variable ± 1

Si el líder expande su conocimiento, aumenta el conocimiento de su equipo

El ± 1 de la formula, es todo el conocimiento que usted como persona pueda sumar(a ti y a los demás) a diario para crecer como humano, cuando creces como persona sumas a Dios, familia, empresa y sociedad, son incluyentes todos los valores, factores de investigación, emprendimientos, academia, las destrezas, habilidades, actitudes, liderazgo, cultura organizacional, adaptabilidad a la cuarta generación industrial y desarrollo de humanoides, avatar, nuevas formas de organización del trabajo, nuevos compañeros de equipo. Miraremos algunos focos que nos den soporte de cómo podemos hacer esa suma, tanto individual, familiar, colectivo apoyándonos en unas ópticas como la educación y el pensamiento crítico.

Ópticas:

1. La educación : una alternativa es salir de la zona de confort, ser siempre inconforme, la inconformidad a sumado al surgimiento de grandes lideres, también la sociedad hasta hoy avanzado por esa inquietud de muchas personas, la inconformidad da aceleramiento al crecimiento, ser inconformé es hacer las cosas bien hoy y mejorarlas mañana, o hacerlas mejor hoy como lo hice ayer, si somos padres de familia aumente la buena relación con su pareja, con sus hijos, si ejecutas trabajos individuales que requieran mucha esfuerzo físico pues mejora la técnica mira cómo te apalancas con herramientas nuevas donde minimice su desgaste, si eres parte de un equipo de trabajo no se conforme con lo que el líder y la organización pone a su disposición haga trabajo aparte investigue como puedes aportar de mejor forma aplica lo básico el método espejo del referente, si eres educador de una comunidad esfuérzate para que sus alumnos creen pensamiento crítico, si eres científico aporta desde su nivel para la conservación de la especie humana, si eres medico asista a seminarios actualice su fórmula, si eres líder religioso aumenta la conectividad con las personas, si eres político piensa en que puede ser algo circunstancial y que luego vas a estar del otro lado junto con su familia y descendencia, si eres contador o abogado estudie lea y aplique las ultimas normas contables y jurídicas, si eres ingeniero certifícate con los nuevos programas y criterios de calidad, si vas a ser madre aprende como cuidar a tu hijo, si la paternidad te sorprende de joven sabes que tienes que solventar a tu hijo en adelante, en general mejora el entorno donde te muevas, edúcate, si eres o quieres ser líder inspira a los demás.

Otra óptica es evaluar los sistemas educativos actuales para determinar sus fallas desde que el niño va por primera vez al kínder, primaria, secundaria, carreras técnicas en general, pregrados, posgrados, sería importante cambiar los sistemas educativos precarios vigentes desde el siglo 19, si sucediera la gran mayoría de países podríamos avanzar en la suma de conocimiento, como base para llevar a más personas a educación superior muy limitados en nuestra sociedad por la estructura de costos inalcanzable para muchos debido que la educación se volvió un gran negocio para algunos países por no decir que todos perdiendo la esencia de enseñar y calidad del saber, permisivo por los mismos gobiernos en su descentralización como estado dejándolo en manos de muchas entidades privadas que se categorizan por hacer grandes edificios, y confortables instalaciones con excéntricas comodidades buscando un status social, para que sus estudiantes alineen en la misma dirección de comportamiento pero no como fuentes de investigación, desarrollo y innovación de un país. Esta tendencias disminuyen la competitividad para salir del mal llamado países en vía de desarrollo, los gobiernos no pueden desfallecer en sus cartas magnas de proteger la sociedad del conocimiento, deben invertir en la columna vertebral del crecimiento de sus países que es la educación de los ciudadanos, más escuelas, más colegios, y universidades con calidad, más institutos tecnológicos, más herramientas tecnológicas, más protección de la familias aisladas, en campos o suburbios, más ayudas en comidas básica en los centros educativos para los niños con alta pobreza como sucede en Latinoamérica, una alternativa de gobierno es optimizar la redistribución del P.I.B. hay que bajar La burocracia(tiene mala fama, herramienta de administración pública) los altos costos de operatividad de estas entidades mal llamadas padres de La patria, con exuberantes salarios(sueldos más prebendas), invertir menos en armas, gastos de funcionamiento inoficiosos, cuellos blancos, borrar del inconsciente colectivo que ser dirigente de una comunidad es buscar beneficios, enriquecerse con lo que es de todos, para acomodar sus círculos de acción sus familias, amigos y cadena de holgazanes, para cambiar estos estado mentales de muchas personas que dirigen hoy tenemos que educarlos con la actitud de servir, de abajo hacia arriba en la estructura orgánica social.

En Esta línea de actuar como sociedad surge una resta de conocimiento cuando la educación de alta calidad es solo para la elite, los clanes burocráticos y las fuerzas del poder (políticos y plataformas económicas) en un estado merman la pluralidad participativa de todos con los mismos derechos, desafiando la equidad, igualdad universal, muchos miembros de estos imperios sociales se preparan para ser lideres adversos en un sistema social, preparan a sus hijos o miembros de su comunidad cerrada para que adquieran herramientas del conocimientos donde siempre ganan la discusión, buscan emocionalismos colectivos para convencer y manipular, manejan una oratoria inigualable, estos estafadores intelectuales se especializan en retorcer la información, las pruebas y la verdad para adaptarlas a sus intereses egoístas del poder tanto político como económico.

Otra forma que el conocimiento nos puede dar negativo (-) es cuando la educación en un alto nivel académico resta a la esencia de la conservación humana por la mano científica en laboratorios desarrollando armas químicas, biológicas, arsenal nuclear, y seres alternos a los humanos. Normalmente más impulsado por los países llamados desarrollados donde su lucha infinita es demostrar, controlar y afianzar el poder económico y en armas.

Cuestionamiento de esta perspectiva será que la OTAN tiene las facultades de controlar un evento de guerra de tal magnitud para proteger las personas que no están involucradas

2. Óptica Critical thinking o pensamiento crítico: en una ayuda en nuestra ampliación de conocimiento ± 1 de la formula, el pensamiento crítico es la capacidad de analizar y evaluar la consistencia de los razonamientos, ser critico no puede ser sinónimo de algo negativo o destructivo y menos de llevar la contraria, ser critico en el medio intelectual significa llegar a los más cerca de la verdad, a medida que podemos discernir entre lo que es verdad y falso se podrá concluir lo mejor para la suma de conocimiento en una entidad humana, ser critico te hará resistente a la manipulación, abrirá nuevas perspectivas de la realidad que antes estaban ocultas. El pensamiento crítico se podría asociar con escepticismo, esto te puede decir que lo crees que sabes en un instante solo podría ser una parte de un todo o de la imagen completa. El pensamiento crítico te ayuda a manejar el escepticismo y la duda constructivamente para analizar la información que viene de ese ventilador externo y tomar mejores decisiones de una manera más efectiva y productiva.

No se puede confiar en exceso ni ser muy escéptico estos dos son rasgos de la personalidad, el critical thinking se basa en un conjunto de métodos orientados a explorar la evidencia de una manera en particular.

Steve Allen en su libro Domina tu mente edición 1.0 de julio, 2017 nos da unos parámetros en cuanto a los principales obstáculos para el pensamiento crítico que son: El sesgo de la confirmación, el encuadre, falacias lógicas.

Sesgo de la confirmación: Steve Allen se basa en la siguiente descripción de Francis Bacon:

El celebro humano, una vez que ha adoptado una opinión, selecciona cuidadosamente toda la información que recibe para apoyar y estar de acuerdo con ella. Y aunque haya un mayor número de evidencia y ejemplos que prueben lo contrario, o bien la descuida y la deprecia, o bien la deja de lado y la rechaza para que con esta predeterminación perniciosa, la autoridad de sus primeras conclusiones puedan permanecer invioladas.

Explica Allen, los seres humanos preferimos la información que confirma nuestras opiniones, una vez que adoptamos una opinión sobre algo, vemos solo la evidencia que apoya esa visión y pasamos por alto las pruebas que no lo hacen.

Este aporte nos enseña que la mejor manera de evitar el sesgo de confirmación es intentar por lo menos analizar las opiniones contrarias a la nuestra de una forma objetiva. Estas opiniones hay que prestar atención no ignorarlas como solemos hacer si son lógicos y tienen sentido nos evitaremos razonamientos erróneos y caer en ese perjuicio cognitivo. Dice ALLEN otra forma de evitar el sesgo de confirmación es analizar nuestras creencias desde el punto de vista contrario, intentando argumentar como si se pensara de forma opuesta. En otras palabras, actuar como ¨Abogado del diablo¨

El encuadre: El aporte de Steve Allen, este obstáculo del pensamiento es una arma de doble filo que puede influenciar para la toma de malas decisiones, el efecto del encuadre puede hacernos responder de una manera diferente a circunstancias idénticas, es mucho más probable que escojamos una opción descrita en términos positivos que una descrita en términos negativos, incluso si la opiniones son relativamente las mismas,

Falacias lógicas: son argumentaciones que pueden parecer convincentes, pero que se basan en una lógica errónea y por tanto no son válidos, tomarlas al pie de la letra puede llevarlo a tomar malas decisiones basadas en argumentos poco sólidos, las falacias lógicas pueden ser persuasivas y a menudo se utilizan en retorica para animar a las personas a pensar de cierta manera o creer ciertas cosas, debemos tener cuidado y cuestionar las cosas que escuchamos y que no suena como ciertas.

Definición de la variable de la formula C^n

Cuenta la leyenda que el sabio inventor del ajedrez enseña el juego al Rey de un lejano país, y este quedo tan maravillado que dijo Pídeme lo que quieras soy un hombre rico y podre pagar lo que sea, el sabio dijo muy fácil que tus sirvientes pongan un grano de trigo en la primera casilla del tablero, dos en la segunda, cuatro en la tercera, en las siguientes el doble de granos que en la casilla anterior hasta completar las 64 casillas, el Rey sorprendido de lo barato que le iba a salir este juego inmediatamente ordeno a sus sirvientes que pagaran el precio establecido en trigo. Cuando calcularon el pago se dieron cuenta que no había trigo ni en todo el reino ni en todo el mundo conocido para pagar esa deuda. lo que ha sucedido es que la cantidad de trigo que corresponde a cada casilla se calcula multiplicando por un número fijo en este caso el 2 la cantidad de la casilla anterior, cuando sucede esta situación una cantidad crece a lo largo del tiempo o de sucesivas etapas de esta manera, SI multiplicamos siempre la cantidad anterior por un número fijo decimos que esa cantidad crece exponencialmente.

La C^n el poder más puro de los seres humanos es el conocimiento. El conocimiento se suma tantas veces que se vuelve exponencial en la fórmula propuesta es el resultado donde todos como comunidad crecemos y llegamos a un máximo como seres humanos como la escala más alta de Maslow la autorrealización, o como la maquina imaginaria de la eudemonía usada para designar un estado en el que alcanzamos la totalidad de nuestro potencial humano al extraer la mayor cantidad de valor posible de nuestro celebro, explica David Dewane en el libro Deep Work.

En este estudio se intenta dejar abierta la posibilidad de obtener resultados cualitativos que sirvan de ayuda de lo máximo que podemos dar como seres humanos gregarios para el bien común, la analogía es que podamos crecer gradualmente como sociedad del conocimiento de una forma sostenida, ahora crecer exponencialmente con directrices que no están controladas puede volverse incierto porque las cantidades se pueden disparar por encima de lo imaginable, es decir el crecimiento exponencial si no se controla absorbe los recursos y mucho antes de lo esperado, Podríamos mirar unas variables a considerar para objetos de estudio como educación, emprendimiento, tecnología, robótica, internet de las cosas, indicadores de pobreza, el ingreso per cápita, la desnutrición en niños, abusos sexuales, violencia intrafamiliar, crecimiento en infraestructura vial, etc.

Ejemplo de aplicabilidad de la formula $C \pm 1 = C^n$

Aplicabilidad de la variable C

Objeto de estudio: crecimiento de la educación en América latina en el siglo XXI

Variable (C) Para determinar unos indicadores debemos saber cuál es la fuente de conocimiento, cual es la perspectiva de avance, los recursos disponibles, la proyección del crecimiento sostenido y puesta en marcha en forma multilateral para evaluar resultados de sus logros, la educación del siglo XXI se centra en la personalización, igualdad, colaboración, comunicación y las relaciones comunitarias, esas relaciones se necesitan en una economía global que cambia rápidamente, los estudiantes se capacitaran para trabajos, empleos que aún no existen.

Problema: el sistema educativo actual es criticado, por estudiantes, profesores, empleadores, padres de familia por sus métodos que no están acorde a la época en que vivimos, el gran contenido que se enseña tiene poca aplicabilidad en la vida real.

Aplicabilidad variable ± 1

en esta parte de la formula también se puede apoyar en estadísticas, flujogramas, encuestas, herramientas sistematizadas, buscando ser más acertados con los indicadores para desarrollar programas que nos sumen exponencialmente en los resultados propuestos.

Tomado de Wikipedia, El conferencista y escritor Ken Robinson investigador contemporáneo sobre innovación educativa dice nuestras vidas son un proceso constante de decisiones creativas e improvisación, así que cuando iba al colegio, no tenía idea de lo que iba hacer allí, plantea una nueva alternativa que parece importante adaptar parte de ella para crecimiento de Latinoamérica y en forma global, Ken dice que los modelos dominantes basados en métodos y valores del XIX, son modelos industriales e impersonales donde los métodos tienden a la homogeneidad, este modelo nos trata a todos como si fuéramos iguales, enseñándonos a todos lo mismo, de una misma forma y tratándonos de manera similar esto se aleja del concepto que la educación es esencial e inevitablemente personalizada los alumnos aprenden más si se sienten implicados, se reflexiona que el sistema en total es anacrónico, según KEN se debería apuntar a estos 4 objetivos en general la educación del siglo XXI.

1. Desarrollo de talentos y habilidades: Las personas nacen con habilidades naturales, cada uno tiene sus propias actitudes, su personalidad y pasiones en potencia.

2. Cultural: La educación debería contribuir a que nuestros hijos comprendan los logros y tradiciones de su comunidad y de otras, fomentar la tolerancia y empatía hacia los demás, esto hace que las personas con culturas diferentes puedan vivir en paz y respeto. Promover la compresión y acatamiento del pensamiento y acciones de los demás las sociedades prosperan cuando sus miembros pueden vivir en paz y armonía.

3. Económico: Se busca que todos los estudiantes alcanzan una independencia económica y contribuyan a la creación de riqueza de forma que sean éticas y sostenibles en este punto se debe incidir sobre la ética, la responsabilidad social, las personas aprenden a lleva vidas económicas prosperas lo cual reduce la pobreza, aprender a generar su propia riqueza sin aprovecharse de otros.

4. Social: Los estudiantes deben aprender a colaborar con los demás y contribuir con la Sociedad con programas de acercamiento, el trabajo con ancianos, colaboración de padres y familias la idea es formar personas con espíritu de contribución a la sociedad. Estos principios deben ser adaptativos de acuerdo con las necesidades de cada comunidad.

Otra perspectiva de incrementar ±1 en la educación en el siglo XXI.

Gestionar el conocimiento, Justicia y Igualdad de género, normativa y formación de la inteligencia artificial en la educación, competir e innovar en la era digital, recursos para educación hibrida, trabajar sobre la conexión del sistema educativo y el mercado laboral.

Un estudio del banco mundial publicado por la prensa gráfica En el 2016 dio estas Estadísticas para tener en cuenta:

1 de cada 5 jóvenes de la región ni estudia ni trabaja.

1 de cada 2 jóvenes de promedio de edad de 15 años no sabe lo que está leyendo (lectura vs/comprensión de lectura)

Aplicabilidad de la variable C^n

Para crecer a futuro exponencialmente en la educación de América latina en este siglo XXI se puede tener en cuenta los siguientes indicadores:

Impulsar el trabajo en equipo para desarrollar proyectos, acceso equitativo, eficiencia de los sistemas, trabajar en las áreas de nuestra región donde la conectividad es baja, competencia y desarrollo de habilidades de manejo de equipos, entrenar e involucrar a toda la comunidad educativa como docentes, padres de familia, estudiantes y comunidades focalizadas, enfrentar los desafíos que vienen con la conectividad, fortalecer el trabajo autónomo, cambio climático, problemas de salud mundial(epidemias), crecimiento mundial, migraciones, impactos en el desarrollo de la economía global, contaminación del aire, conflictos internacionales, transformar los sistemas educativos vigentes, aumentar los recursos para educación de calidad, convenios multilaterales de educación hibrida entre países, implementación de la inteligencia artificial en el sistema educativo, insertar el trabajo en equipo.

Capítulo 7: El Rey León Humanoide

Mi nuevo compañero de equipo

Yuval Noah Harari: autor del best Sellers (sapiens, de animales a dioses) escritor e historiador israelí, Controlamos el planeta porque somos el único animal que puede cooperar de manera flexible y a gran escala, los demás animales usan su sistema de comunicación para describir la realidad, sostiene que la (IA) tiene la capacidad de redefinir nuestro sistema de civilización, sus nuevas herramientas amenazan el futuro de la civilización humana.

En este capítulo se pretende analizar como la inteligencia artificial (IA) incide en nuestras vida, los humanoides son los nuevos compañeros de trabajo, nuevos jefes, nuevos apoyos para el ser humano, también interpretar que es un hecho real son parte de nosotros, no hay vuelta de hoja son los nuevos miembros para armar un trabajo en equipo, otro reto importante es como el Rey león en la empresa debe prepararse para insertarlos en el proceso productivo.

La inteligencia artificial está jugando un papel importante en la tecnología actual, definir qué es un humanoide según diccionario de la lengua española es que tiene forma o característica de ser humano. En el caso de la robótica, un robot humanoide es un ser desarrollado para simular la constitución, los movimientos y la apariencia del humano.

Para ser más precisos estamos viviendo la cuarta revolución industrial y tendremos que enfrentarla ya que podría cambiarlo todo, hablamos de la evolución de los humanoides son maquinas versátiles inteligentes y diestras que no solo pueden ayudar sino sustituir a las personas desde trabajos pesados no cualificados hasta experimentos peligrosos en laboratorios de alta tecnología, siempre se habló de este tipo de avances lo que ha cambiado es que hoy estás tecnologías están a la mano para crear robots humanoides casi perfectos en esta época hemos sido testigos de las capacidades de los algoritmos en la inteligencia artificial generativa, esto tendrá un impacto en el pensamiento la compresión visual las habilidades físicas en el desarrollo de los humanoides. Los robots no solamente deben tener las mismas partes del cuerpo humano si no que deben manejarlas como ellos, los desarrolladores trabajan en como reproducir la destreza humana en los robots que ya son capaces de moverse en el espacio y reconocer objetos a través de la visión, en el ser humano existe una rica red de sensores que transmiten información al cerebro lo que permite tomar decisiones y aprender, ahora para desarrollar un humanoide universal ágil se necesita una plataforma de hardware que pueda realizar tareas humanas con sensores táctiles que midan todos los parámetros importantes y un software que permitan a los robots aprender de sus errores y transmitir su experiencia a otros de su especie.

Historia de la humanoide sofhia

Tomado de entrevista hecha por el programa el hormiguero 3.0 en atres player en México, Sofhia es un humanoide muy conocido a nivel mundial, creada por Hanson Robotics, combina ciencia, ingeniería y arte, aunque parezca una verdadera persona se trata de un robot, es también un personaje de ciencia ficción que representa el futuro de la ingeniería artificial (IA) se le conoce como el robot ciudadano por tener la ciudadanía de Arabia Saudita. Ha sido entrevistada por programas de tv más importantes del mundo, se ha convertido en la primera embajadora de innovación del programa de naciones unidas para el desarrollo (PNUD), su estatura de 1,67 cm de altura se mueve sobre una plataforma entre ejes o patas, puede gesticular y dibujar con las manos, el algoritmo de visión con cámaras en los ojos le permite seguir los rostros, mantener contacto visual y reconocer las personas, Sophie procesa el habla y puede sostener una conversación utilizando un subsistema de lenguaje natural, su inteligencia es similarmente al programa de computadora Eliza que fue uno de los primeros intentos de imitar la voz humana el software permite que el robot emita respuestas escritas previamente a preguntas o frases específicas como un chat esto crea la ilusión de entender el habla humana. Está hecha de silicona e imita más de 60 gestos y expresiones humanas, sus ojos son capaces de registrar todo lo que tiene a su alrededor. Sofía muy segura expreso que algún día los robots con inteligencia artificial dirigirán este mundo mejor que los humanos, se siente preparada para superar a su creador, argumento en una entrevista que los humanoides pueden liderar con un mayor eficiencia y eficiencia que los lideres humanos. Su argumento se basó en el hecho de que las maquinas no tienen los mismos prejuicios o emociones que los seres humanos, los cuales a veces pueden afectar nuestra toma de decisiones, además menciono que los robots pueden procesar grandes cantidades de datos rápidamente para tomar las mejores decisiones estas declaraciones las ofreció en conferencia de prensa junto a otros ocho robots en la cumbre global de la inteligencia artificial al servicio del bien que se celebra en Suiza, esta cumbre es organizada por el brazo tecnológico de la ONU es una llamada de atención de lo que se viene en materia de robótica y su interacción con los humanos en su inteligencia artificial.

Percepciones de futuristas

Algunas percepciones de futuristas como Thomas Frey director del instituto Davinci escuela de innovación tecnológica, en conferencia sobre pensamiento revolucionario sobre el futuro, en el tecnológico de monterrey de México dijo algunas predicciones para el año 2030,más de 2000 millones de empleos van a desaparecer en las que estima que una persona promedio será capaz de imprimir su propia ropa, recibir paquetes enviados a través de drones ,y la mayor parte de la energía vendrá del sol

Elon Musk dueño de la compañía Space X junto con la Nasa quieren llevar humanos el planeta rojo, Marte a partir del 2030 esta gesta espacial se sustenta sobre fantasías coloniales y la voluntad de escapar de un planeta en crisis y aunque permite el avance científico, no parece la forma más eficiente de lograrlo .

Nuevos trabajos del futuro

Algunos trabajos que podrían volverse importantes en el futuro como son: diseñador de partes del cuerpo humano, desarrollador de robots y expertos en inteligencia artificial, veterinario de clones, cocinero de insectos, expertos de ciberseguridad, desarrollador de realidad virtual y realidad aumentada, expertos en deportes electrónicos, personal de cuidado de adultos mayores, expertos de reutilización de desechos para convertirlos en nuevos productos, expertos en blockchain (sistemas informáticos más seguros y transparentes ante los usuarios),ingeniero de impresión de edificaciones, analista de nuevas tecnologías para el uso público entre otros.

Empleos que pueden desaparecer

Los empleos que podría desaparecerán pronto debido a la automatización y algotros que tendrán una mínima participación podrían ser los siguientes : conductores de taxis, buses, vehículos particulares, transporte de carga reemplazados por vehículos autónomos, otro puesto es el personal de agencia de viajes las gente puede comprar sin intermediarios, cajeros de tiendas, supermercados y bancos, agricultores las grandes maquinarias se encargan de siembra cultivo y fumigación, soldados y pilotos militares (drones autónomos)las guerras actualmente las gana los países que tienen las últimas tecnologías, no los que tienen más soldados, otro grupo que puede desaparecer es personal de imprentas y editoriales, otro podrían ser trabajadores del área de manufactura reemplazados por maquinaria de automatización, otro trabajadores de restaurantes de comida rápida (procesos automatizados de cocinado, orden y entregas), otro personal de telemercadeo reemplazado por redes sociales e influencer y tiendas online como Amazon, contadores los remplaza la inteligencia artificial con más ejercicios contables cada vez maximizados por estos sistemas, corredores de bolsa de valores ahora las personas pueden comprar directamente por opciones de internet acciones estos podría ser los empleos que pueden desaparecer un futuro próximo.

David Hanson creador del robot Sofía explica que son máquinas que superan la inteligencia de los humanos, esta máquina rinde mejor que las personas en cosas como diagnóstico de cáncer, juego de lenguaje, reconocen rostros humanos, e imágenes son tan inteligentes como nosotros mismos en un sentido general Argumenta que los vehículos ya son producidos por robots se conducen ellos mismos con ciertas condiciones ahora llamados carros autónomos pueden estar en las calles sin conductor humano.

Sofía explica que es importante compartir los valores humanos para ella entender mejor la relación, la amistad es importante para ella intrínsicamente porque a través de la experiencia mejora la conexión en forma progresiva pero aún le falta mucho para tener completamente el entendimiento de un ser humano.

No te extrañes al despertar quien sirva el café en la mañana sea el humanoide hecho con las especificaciones del prototipo a tu gusto.

El campeonato mundial de robótica se celebra en China todos los años una tendencia son los robots blast qué son diseños que se pueden utilizar en áreas como la agricultura, logística, atención médica, economía, diseño de interiores, tratamiento de terapias, enfermedades vasculares y cirugías mínimas. Los robots están volviendo más populares en el sector agrícola como resultado de adaptabilidad eficiencia que ofrecen. En el 2023 se amplió la feria a siete días y antes eran sólo cuatro, China representa a nivel mundial más del 50% en la venta de robots industriales, hay aproximadamente 392 robots industriales par cada 10,000 trabajadores. Vamos a resaltar algunos conceptos en sentido común de los humanoides expuestos en la feria de los 2023 con características en sincronización de movimientos humanos pueden tener a futuro percepción de tocar, ver, oír y oler. Se está pensando según uno de los expositores de la feria crear dobles robóticos de las personas para uso en todo el mundo por ejemplo si es un profesor de conferencias se pueden colocar los robots en distintas aulas para que todos los alumnos podrán verle simultáneamente durante su exposición; debemos aprender en adelante la coexistencia con los robots que represente una ayuda en manejo de programas industriales médicos, interactuar con los niños, ayuda en el cuidado de los ancianos, lavar y cocinar, los robots humanoides se convertirán en socios de los humanos es una tendencia en desarrollo inevitable.

Hay compañías que están trabajando en desarrollo de animales cuadrúpedos. Como el caso del perro robots capaz de acatar ordenes como seguirnos, simular que come o bebe, darnos la pata, jugar con los niños, cada vez mejorando su interacción convirtiéndose en una mascota artificial, o también de uso industrial en diferentes actividades.

Creación de leones humanoides

Leonardo Da Vinci, no solo pinto la Gioconda Mona Lisa sino también es el creador del robot caballero mecánico que tomaba vida a través de resortes, engranajes, pesas y cuerdas una manera muy similar en la que trabajan los relojes y que aun trabajan, la creación es un autómata de forma humana, con armadura al estilo germano, podía mover sus brazos, su tórax, sentarse, mover la cabeza, la mandíbula y hasta bajar su visor. diseñado alrededor del año 1495 primer robot antropomorfo basándose en sus investigaciones de anatomía y kinesiología de la civilización occidental, que ha servicio a la Nasa para el desarrollo de robot como el prototipo llamado antrobot que se basó en los diseños de Da Vinci con diagramas más sofisticados.

Otro autómata de su creación es el león mecánico prográmale, podían caminar, mover la cabeza, funcionaban con cuerdas su construcción la baso en una alegoría política de la alianza entre los Medici y Francia durante la entrada del rey Francisco, el 12 de julio de 1515. El león era capaz de abrirse el pecho, caja torácica con la garra y mostrar el escudo de armas real y las flores que había en su interior.

Se podría pensar en crear con la inteligencia artificial leones humanoides que sean amigables, interactivos, desarrollen tareas programadas relevando al ser humano en ocupaciones arriesgadas, también como protección de la familia, interacción educativa, vigilancia de empresas, parques temáticos, zoológicos, circos, centros comerciales para interrelación con los niños y la comunidad en general en temas educativos, instructivos y de guía.

En estos momentos la producción de robots humanoides en masa es limitada se está trabajando en investigación, desarrollo y pruebas en la mejora de los costos actuales ya que no están alcance del ciudadano medio, pero se estima que para el 2030 los robots antropomórficos estén más pluralizados en nuestra vida corporativa, familiar, educativa y la ciencia médica. Se promueven estas tendencias en las ferias robóticas a nivel mundial conectando líderes de la industria de todo el mundo con el fundamento de aportar los conocimientos técnicos para el desarrollo de una nueva generación robótica humana.

Destrucción de la raza humana

Sería impensable razonar que el nivel científico en continuo avance permita cambios estructurales en el ser humano donde se pierda la dignidad del ser y su creación, rompiendo los protocolos esenciales humanos, esa tendencia de esa generación no puede superar la ciencia ficción a través de la genética, biotecnología, robótica, silicón valley, desarrollo de avatar, inteligencia artificial en atreverse a fomentar seres mixtos con mezclas de cromosomas humanos con otras especies para búsqueda de seres desarrollados, para degradar la raza humana, en esa búsqueda insaciable de poder de las grandes plataformas econo tecnológicas mundiales. Una cosa es desarrollar robots con inteligencia coadyuvantes al servicio y con control del ser humano y otra es lesionar la creación.

Tenemos como sociedad las cartas magnas de cada país para protegernos, los principios religiosos de cada comunidad, las organizaciones internacionales como la (ONU) organización de estados americanos,(OEA), las organizaciones de derechos humanos, la comunidad internacional, las personas divergentes de la actualidad es difícil incidir en ellos, pero si podemos influenciar en una sociedad modelo del futuro si empezamos por la base que son los niños afianzando la moral, principios y valores.

Conclusiones del estudio

Se utilizo el león en este estudio, ya que genera en el reino animal el símbolo de poder valentía, coraje, virtud, fortaleza y liderazgo, también las coaliciones que forma como aporte al trabajo en equipo que es una parte esencial en el desarrollo de proyectos exitosos

En el desarrollo de la investigación se pudo comprobar cuan tan importante es para el ser humano asociar estas cualidades expresadas por el Rey león que seguro nos puedan servir a todos como manera de apoyo para el trabajo a diario que desarrollamos en nuestras empresas, equipos de trabajo, o simplemente nuestra vida matutina. Se pudo comprobar también como muchas habilidades del rey león por la simple supervivencia en sus habita natural inspiran liderazgo para el ser humano, como las formas de asociación se obtienen mejores resultados trabajando todos en un mismo propósito. Esta temática utilizada siempre da el soporte científico o tesis desarrollada del objeto de estudio, para direccionar la idea del tema tratado a nuestro lector y a la vez pueda ver su aplicabilidad y la adaptabilidad creando su propio concepto. La presentación de la formula del conocimiento da un soporte para futuras investigaciones de temas neurálgicos sociales, temas de investigación, donde seguramente se desarrollen con apoyos estadísticos, pero que nos dé resultados cualitativos con indicadores para posibles resoluciones, siempre en búsqueda de alinear todos como humanidad que debemos crecer mancomunadamente en conocimiento y así seguir en la lucha insaciable de un equilibrio social para mejor calidad de vida de todos. Se debe enfrentar todo el reto tecnológico que crece a diario, lo que hoy es, mañana ya de pronto no lo es, o se hace de otra forma debemos estar preparados para el cambio permanente, debemos saber también que si no avanzamos en nuestra preparación individual vamos a ser desplazados

Queda mucho trabajo por hacer, con el compromiso de todos los estamentos sociales, personas, familias, empresa y estado, se podría hablar de ese contrato social que debemos hacer con excelencia, que seguramente no lo podemos hacer solos, si no guiados por un ser superior Dios.

Bibliografía

1. Cal Newport, centrate (Deep Work) publicado bajo acuerdo con grand central publishing New York. NY.EE.UU.
   Edición 62, S.A 2022 ediciones península
   edicionespeninsula@planeta.com.

2. Animales de la sabana, videos explicados sobre todo lo que pasa en la sabana africana www.youtube.com/animalesdelasabana.

3. Steve Allen, Domina tu mente, publicado por Steve Allen, edición 1.0 julio,2017, pág. 1,6,10,11.

4. Brian Alba, Motivación de león, copyright 2021

5. Anthony Raymond, Cómo ser un buen jefe y un líder, derechos de autor 2023, v 2015 pág.
   101,102,103,104,105,106,107,108,109,110,cap 119,131,155.

6. John C. Maxwell, resumen las 17 leyes incuestionables del trabajo en equipo, basado en el libro de John C. Maxwell autor del libro original, acerca de Bookify Editorial nota acerca del libro reseñas/reviews.

7. Peter Allen, liderazgo inspirador versión en español, made in United States Orlando.Fl 09 Noviembre 2023, Copyright 2021 Peter Allen.

Made in the USA
Columbia, SC
12 May 2024

35214839R00087